AF303312

Siegfried Otto Müller

Arbeit neu gedacht
und
Grundeinkommen

**Wir erneuern
ein krankes System
aus dem vorigen
Jahrhundert!**

Bibliografische Information der Deutschen Nationalbibliothek:
Die Deutsche Nationalbibliothek verzeichnet diese Publikation
in der Deutschen Nationalbibliografie; detaillierte bibliografische Daten sind im Internet
über http://dnb.dnb.de abrufbar.

© 2019 Siegfried Otto Müller

weitere Mitwirkende: Oksana Müller (Cover)

Herstellung und Verlag:
BoD – Books on Demand, Norderstedt

ISBN: 978-3-7504-0423-6

Vorbemerkungen

Gerechtigkeit für ausnahmslos alle Menschen und nicht nur für ein paar wenige, das ist der Wunsch so gut wie aller Menschen auf dieser Welt. Doch leider sind schon seit langer Zeit nicht mehr alle Menschen gleich, sondern es gab und gibt so einige „gleichere" Herrschaften. Das sind Mitmenschen, die entweder sehr viel Geld besitzen und Güter oder Macht oder auch beides – Geld und Macht. Macht- und Geldgier spielen schon seit langem eine sehr große Rolle und sind auch eine allzu große Gefahr für ein Leben in Frieden und Freiheit. Macht kann wie die Gier zur Seuche werden und hat auf der Welt schon sehr viele Armuts- und vor allem auch Todesopfer durch Willkür, Ausplünderung und Kriege gefordert. Diese Seuche ist unersättlich und macht auch vor Europa und seinen Ländern nicht halt. Sie ist wie ein riesiger Krake, der die ganze Welt mit seinen Tentakeln umklammert.

Politisches Postenschachern, offene und legal gemachte Korruption, das sind zum Beispiel Parteispenden aus der Industrie und aus dem Großkapital, und Renditejägerei lassen unsere wertvollen demokratischen Werte nicht nur hier in Deutschland rücksichtslos vernichten. Die Demokratie droht hierbei durch eine extreme Verfilzung von Politik und Kapital vollends zu verkommen. Der Kapitalismus zeigt sich in einer seiner hässlichsten und aggressivsten Fratzen.

Mit anderen Worten gesagt, Konzerne, Banken und ebenso die meisten der Superreichen haben sich inzwischen den größten Teil der Regierung zu eigen gemacht und das Regieren der Reichen über die Armen indirekt, aber vollkommen übernommen.

Das Volk ist inzwischen müde geworden, immer wieder dieselben hohlen Programme der alteingesessenen und so genannten Volksparteien zu wählen, die am Ende doch nicht eingehalten werden können, weil durch entsprechende Koalitionen all diese Wahlversprechen wieder zunichte gemacht werden und es sogar für so manchen Wähler noch schlimmer kommen kann, als er es mit seiner Wahl erhofft hatte.

Arm und Reich driften immer weiter und immer schneller auseinander und der Regierung ist das sichtbar egal, weil eben diese enge Verfilzung besteht und diese Regierung nur als Marionette der Konzernbosse und der Finanzmafiosi handelt. Und alles ist möglich mit Hilfe der Lobbyisten, die täglich bei der Regierung ein und ausgehen und damit die Politik lenken, ja sogar an Entwürfen zu Gesetzen mitwirken sowie auch Gutachten zu irgendwelchen Themen erstellen, die ebenfalls das Handeln der Regierenden stark beeinflussen können.

Nach dem Motto „die Kleinen hängt man und die Großen lässt man laufen" wurde ein System errichtet, in dem die größte Steuerlast dem einfachen Bürger aufgebürdet wurde und großen Konzernen wurden dafür steuerliche Paradiese erschaffen. Der kleine Steuerzahler muss für alles herhalten, zum Beispiel auch für Banken, die ihr Geld verzockt haben und danach gerettet werden müssen. Und sie zocken somit immer weiter, weil sie wissen, dass sie dann wieder gerettet werden. Immer wieder erreichen Skandale die Öffentlichkeit, die bis zu massiven Finanzkrisen führen und mit sehr hoher Wahrscheinlichkeit auch in der Zukunft dazu führen werden.

Das im Laufe der Jahre überaus kompliziert und ungerecht errichtete System hat schon seit einiger Zeit ausgedient und fährt den Sozialstaat samt seiner Parteienstruktur mit Karacho gegen die Wand. Und danach folgt logischerweise das absolute Chaos, wenn wir nicht aufpassen und nicht entsprechend darauf reagieren. Einer korrupten Regierung können wir das nicht einfach so überlassen.

Viele Menschen müssen jetzt zu dieser Zeit mit einem finanziellen Minimum überleben, das nie so richtig ausreicht, um in Würde die alltäglichen Erfordernisse zu bewältigen und als normaler Mensch zu leben und teilzuhaben am öffentlichen Leben. Es wurde damit ein System installiert, in dem viele Menschen mit Leistungskürzungen und sogar Leistungsentzug bedroht werden, um sie willig zu machen, jeden noch so unangenehmen und unterbezahlten Job anzunehmen, um als billige Arbeitskraft den Unternehmen noch mehr Profit zu garantieren. Das ist eindeutig moderne Sklaverei und Politik von Zuckerbrot und Peitsche.

Skrupellose Immobilienhaie und Immobilienkonzernen können ungehindert Mieten in die Höhe treiben und somit ihre Mieter ungeniert auf die Straße setzen, wenn sie die Mieten nicht mehr finanzieren können. Das passiert ohne jegliche Hemmungen und die Regierung tut mit ihrer so genannten Mietpreisbremse nur so, als würde sie dagegen etwas tun. In Wirklichkeit ist diese Bremse von vorn herein so konstruiert, dass sie vollkommen wirkungslos bleibt. Die Mieten explodieren trotzdem in ungeahnte Höhen, Mieter können nicht mehr ihre Wohnungen bezahlen und werden so aus ihren eigenen vier Wänden vertrieben, manchmal sogar rücksichtslos auf die Straße in die Obdachlosigkeit geschickt.

Das ist die Ausgangsposition für eine neue Zukunft, die wir so schnell wie nur möglich selbst in die Hand nehmen müssen, um unsere Werte nicht ganz dem politischen Vandalismus eines puren und Menschen verachtenden Kapitalismus in seiner krassesten Form zu überlassen.

All diese Probleme haben auch einen neuen braunen tiefen blau getarnten Sumpf entstehen lassen, der an die Zeit vom Anfang der 30er-Jahre im vorigen Jahrhundert erinnert. Fremde Menschen und Religionen sowie Andersdenkende werden zu Sündenböcken verfehlter Politik gemacht. Das ist eine weitere große Gefahr, die nur allzu gut in allen Geschichtsbüchern nachzulesen ist – Willkür, Aufrüstung, Diktatur, Menschenverfolgung, Krieg und Massenmorde ist die logische Folge solcher Entwicklungen. Das dürfen wir nicht noch einmal zulassen. Da müssen wir aktiv und konsequent etwas gegen tun! So etwas muss schon im Keim erstickt werden, bevor es zu mächtig wird.

Wir brauchen ein vollkommen neues System, das alle Menschen auf Augenhöhe zusammenbringt. Und alle diese Menschen sollten würdevoll miteinander leben und sich in einer gerechten und durchweg demokratischen Gesellschaft verwirklichen können ohne Hürden und Repressalien von einigen wenigen Menschen, die meinen, dass sie die besseren sind, ausgesetzt zu sein. Ausnahmslos alle müssen in diesem neuen System mitbestimmen können. Nur so holen wir selbsterhobene Politfürsten auf den Erdboden zurück und zerschlagen ihre Macht. Die Macht gehört dem Volk!

Es benötigt dafür aber ein massives Umdenken von allen. Wir müssen Arbeit neu definieren, müssen uns auf das Urverständnis unserer Gesellschaft besinnen und die Machtfrage allen Menschen gemeinsam überlassen. Nur so können wir eine vollkommen neue, gerechte und echt demokratische Gesellschaft errichten, ohne dass nur ein einziger Mensch benachteiligt wird, denn alle Menschen sind gleich und sollen immer gleichbleiben. Schmarotzende so genannte „Eliten" dürfen nicht länger die Politik eines Landes bestimmen, denn wir sind alles freie Menschen und nicht dieser „Eliten" Eigentum.

Dazu im Folgenden noch ein paar Worte zum besseren Verständnis, damit meine Gedanken in diesem Buch besser verstanden werden. Und es sind nur Gedanken, die zu neuem Denken für ein besseres Miteinander und raus aus diesem aggressiven kapitalistischen Demokratie-Schredder führen. Lasst uns unsere Gesellschaft zum Besseren verändern!

Ich will mit diesem Buch eine schon vorhandene Diskussion befeuern. Maßstäbe will ich nicht setzen. Meine nachfolgenden Ideen sollen zum Thema BGE beitragen, veranschaulichen, wie es in einem solchen gerechten System zugehen kann, und vergleichen, so manchem Fragenden ein Licht aufgehen lassen für weitere Diskussionen.

Ich selber bin einer von unten auf der sozialen Leiter. Seit Mitte der 90er-Jahre habe ich am eigenen Leib erfahren, was es heißt, arm zu sein, wieder etwas aufzusteigen, um dann wieder in die Tiefe zu fallen. Das System um die Agenda 2010 habe ich gut kennen- und hassen gelernt wie viele andere Betroffene auch.

Wie man in der Knochenmühle Hartz 4 zermalmt wird, ist mir daher nicht fremd. Oft gedemütigt, Sanktionen ausgesetzt und zu etwas gezwungen zu werden, was man nicht mag, das kenne ich also zur Genüge.

Ich habe in den 90ern sogar einmal freiwillig für ein paar Tage versucht zu verstehen, wie es ist, wenn man kein Dach über dem Kopf hat. So habe ich damals in einer westdeutschen Großstadt erfahren, wie es sich anfühlt, auf der Straße „wohnen" zu müssen. Das war für mich eine wichtige Erkenntnis.

Und deswegen kann ich voll mitreden, wenn es um die Themen Armut geht. Oft schreiben Menschen über dieses Thema, die so etwas noch nie selber erlebt haben und auch nie erleben werden. Das ist ein kleiner Unterschied zu meinem Buch hier.

Ja, hier schreibt mal einer von unten und aus einem ganz anderen Blickwinkel. Das bitte ich beim Lesen des Buches zu beachten.

Über Arbeit und ein Blick in die Geschichte

Was ist Arbeit?

Es ist sehr wichtig für das Verständnis eines Bedingungslosen Grundeinkommens, dass der Begriff Arbeit, so wie man ihn uns im Laufe der letzten 250 Jahre seit der letzten industriellen Revolution regelrecht eingehämmert hat, vollkommen neu definiert werden muss.

Wenn ich auf unseren BGE-Aktionen für meinen Verein „Bedingungsloses Grundeinkommen Harz/Magdeburg e. V." die Menschen frage, was eigentlich Arbeit ist, dann höre ich fast immer einen Verweis auf Erwerbsarbeit, also Fabrik, Büro, Laden und so weiter – arbeiten gehen muss man, um Geld zu verdienen und um leben zu können.

Genau so hatte man es uns auch in der Schule gelehrt. Und zu DDR-Zeiten gab es sogar eine Pflicht zur Arbeit. Wer keine Arbeit hatte, der galt als asozial und faul. Auch heute noch höre ich von einigen Gestrigen, dass es doch genug (Erwerbs)Arbeit gibt, aber viele Menschen faul sind, besonders die, die in Hartz 4 sind, also Leistungen vom Staat beziehen. Und so mancher von denen schiebt noch verärgert nach, dass es seine Steuergelder wären, die schließlich von den faulen Hartzern versoffen werden. Und da beginnt schon der Hass auf Menschen, die in den meisten Fällen gar nichts dafür können, dass sie in solche Situationen geraten sind und aus diesem Status etwas für ihr Leben machen sollen. Und viele von den Hartz-4-Beziehern geben an dieser Stelle auf, weil sie nicht mehr weiter wissen und keine Chancen mehr für sich sehen.

Kaum jemand von diesen Leuten kommt auf die Idee, dass jeder jeden Tag arbeitet, um sein Leben und das Leben anderer Mitbürger zu verbessern, um die Gemeinschaft Stück für Stück voranzubringen, also zur Entwicklung der gesamten Gesellschaft beizutragen. Das ist doch ein Grundprinzip unseres Seins, Millionen und aber Millionen von kleinen und kleinsten Tätigkeiten Tag für Tag ergeben eine lange Kette von Arbeiten. Das sind Arbeiten, die wir brauchen, um unser Umfeld in Schuss zu halten und unser Dasein so angenehm wie möglich zu gestalten. Arbeit im Sinne von Erwerbsarbeit stört uns eigentlich dabei nur. Oder? Wie oft haben wir schon geflucht, dass wir jetzt zur Arbeit müssen und etwas tun müssen, was uns nicht passt? Mal ehrlich…

Wenn ich also meine Wohnung aufräume, dann ist das Arbeit, wenn ich Schuhe putze, ist das auch Arbeit. Wenn ich für die kranke Nachbarin zum Supermarkt gehe, um für sie dort einzukaufen, dann ist das genauso Arbeit. Und so könnte ich den Faden endlos weiterspinnen. Kurz: Alle nützlichen Tätigkeiten über den ganzen Tag verteilt ist Arbeit. Und alle nützlichen Tätigkeiten von Millionen von Menschen Tag für Tag zusammen bringen unsere Gesellschaft in ihrer Entwicklung voran. Es sind nämlich die kleinen Alltagsgeschehnisse, die die Entwicklung unserer Gesellschaft füttern und nicht das Arbeiten gehen für einen einzigen, der somit Reichtum für sich persönlich anhäuft und für die Arbeit der anderen oft nicht einmal genug zum Leben von seinem Reichtum abgibt.

Und so wacht ein Jeder morgens mit der Vorstellung auf, wie er seinen Tag gestalten will, wenn er nicht gerade von der Erwerbsarbeit davon abgelenkt wird – so ein Mist. Der eine bewirtschaftet seinen kleinen Schrebergarten, ein anderer geht seinem Hobby nach und freut sich am Ende des Tages, was er geschafft, gebaut, gesammelt hat. Er gibt mit all dem seinem Leben einen Sinn. Andere wiederum gehen in den Wald und sammeln Beeren und Pilze für den eigenen Verzehr, weil es ihnen großen Spaß bereitet, und sie genießen dabei die Natur in vollen Zügen und verarbeiten später ihre Ausbeute in der Küche oder verkaufen sie auf dem Markt. Gesund ist das allemal und das alles erzeugt Freude, der Sinn des Lebens erfüllt sich dabei auf die individuellste und wundersamste Weise.

Neulich hat mein Sohn sein Fahrrad repariert – ebenfalls Arbeit. Und da wir gerade bei Sohn sind: Kinder er- und großziehen ist auch eine herausragende ehrenvolle Arbeit und macht obendrein noch Spaß. Essen kochen für die Familie – eine tägliche wichtige Arbeit. Einen Verwandten zu pflegen, weil er alt und krank ist, das kann sogar sehr viel Arbeit machen. Wo bitteschön ist man faul, wenn man diese sehr wichtigen Aufgaben erledigt? Das geht jetzt in die Richtung derer, die die so genannten „Hartzer" der Faulheit bezichtigen.

Wer in einem Verein tätig ist, wie ich es bin, der gibt auch mit seiner Tätigkeit, die man genauso Arbeit nennt, etwas Wichtiges der Gesellschaft, nämlich ein winzig kleines Stück dieses Zusammenhaltes oder manchmal auch nur ein paar Denkanstöße, die aber Großes bewirken können. So mache ich mir jetzt und hier auch die Arbeit, dieses Buch zu schreiben. Das macht auch ganz schön viel Arbeit.

Man kann es betrachten, wie man will. Der gesamte Tag ist eine Aneinanderreihung von Arbeiten, selbst das morgendliche Aufstehen und das Schlafengehen am Abend ist mit Arbeit verbunden.

All das hatte man so schon sehr lange vor der Erfindung des Geldes getan. Dort hatte die gesamte Gesellschaft zusammengearbeitet und so die Gemeinschaft in Gleichheit und Gerechtigkeit vorangebracht.

Und als die Klassengesellschaften entstanden, begann man die Arbeit zu missbrauchen – bis heute!

Ja, wie bitte? Ach wenn man gegen Geld in eine Firma geht, ins Büro oder sonst wo hin? Ist natürlich auch Arbeit. Doch diese Arbeit wird an denjenigen verkauft, der dafür bezahlt! Da habe ich nichts von, außer das bisschen Geld, das ich dafür erhalte. Es ist also meist keine Arbeit, die direkt der Gesellschaft zugutekommt, sondern nur einen einzigen Menschen oder einer Gruppe von Menschen. Es ist manchmal auch sehr fraglich, ob die Gesellschaft davon etwas haben wird.

Hier wird die Arbeit zur Ware. Und meine persönlich sehr wichtige Arbeit muss so lange hintenanstehen, weil ich irgendwo im Büro sitze oder an einer Maschine stehe, um irgendwelche Zahlen zu schreiben oder irgendetwas zu produzieren, was mir keinen Spaß macht. Das ist ein Erfolgsmodell für nur sehr wenige Menschen, die durch die Arbeit anderer unermessliche Werte für sich erschaffen ließen. Denn wenn wir mal alle Paläste, Kirchen oder Parks ansehen, so wurden die nicht von Fürsten, Bischöfen und Grundbesitzern erschaffen, sondern von der Hände Arbeit der vielen kleinen Leute. Und was hatte der kleine Mann davon? Meist nur so viel, dass er überleben konnte und manchmal sogar nicht einmal das. Und manche viele von ihnen mussten das sogar mit ihrer Gesundheit oder gar mit ihrem kostbaren Leben bezahlen.

Jedenfalls gehört die bisherige Erwerbsarbeit nicht unbedingt zu den direkten Stützen der Gesellschaft. Das steht eher all den vielen Menschen zu, die mit ihren Händen das Klein-Klein aller täglichen Tätigkeiten in allen öffentlichen und privaten Bereichen ausmacht. Also erst, wenn ich der Erwerbsarbeit wieder den Rücken kehre, dann werde ich wieder direkt für die Gesellschaft aktiv – für meine Gesellschaft, mit der ich auf das Engste verbunden bin. Denn vorher war ich nur dem Unternehmen, an dem ich meine Arbeitskraft verkauft habe, von großem direktem Nutzen, sonst keinem.

So und nicht anders müssen wir umdenken, wenn immer die Rede von Arbeit ist. Arbeit bedeutet unser aller freies Leben.

Ein kurzer Blick
in die Vergangenheit

Um zu verstehen, warum eigentlich der kleine Mann der König ist und der König der Faulpelz, gehen wir mal ein paar tausend Jahre zurück in der Geschichte der Menschheit zu unseren Vorfahren.

Als wir Menschen noch in Horden lebten, unsere gefährliche Keule schwangen mit Pfeil und Bogen schossen und den Speer warfen, gab es noch kein Eigentum außer das, was man am nackten Körper trug und vielleicht die Keule, Pfeil und Bogen und den Speer. Die starken Männer gingen auf die Jagd, die Frauen und größeren Kinder suchten nach Früchten und Pilzen in den Wäldern und sie gingen vielleicht auch zum Fischen an den nahegelegenen Fluss. Die Alten kümmerten sich im Lager um das Essen und passten auf die kleinsten Kinder auf und sie pflegten auch die Kranken und gelegentlich die Verletzten, die von der gefährlichen Jagd wieder ins Dorf zurückkehrten. Jeder übernahm eine ehrenvolle Aufgabe, die zu ihm passte und die er oder sie gern übernahm. Alles Arbeiten, die der gesamten Gesellschaft genutzt haben und ohne die die Gesellschaft nicht existieren konnte. Und sie lebten so in Frieden und in voller Harmonie zusammen.

Jeder einzelne hatte so seine Aufgaben, die dazu beitrugen, dass die Gemeinschaft straff organisiert zusammenhalten konnte. Keiner kam auf die Idee, sich in eine Hängematte zu legen und sich bedienen zu lassen. Jeder wollte ein vollwertiges Mitglied der Gesellschaft sein und wurde es auch. Jedes Gemeinschaftsmitglied tat das, was ihm am besten lag, keiner verteilte autoritär Aufgaben, du machst dies und du machst jenes. Nein, Jeder erkannte die Notwendigkeit und tat sein Bestes zum Gemeinwohl aller, jeder hatte das Bedürfnis, sich in dieser, seiner Gemeinschaft zu verwirklichen. Und er tat es mit Freude, weil er sich die bevorstehenden Aufgaben seit seiner Kindheit selber auswählen und dort hineinwachsen konnte. Und jeder trachtete mit Stolz nach seinem ehrwürdigen Ziel, vollwertiges Mitglied in der Gemeinschaft zu sein. Und dieses Bedürfnis der Verwirklichung ist uns allen im Inneren bis heute erhalten geblieben – jeder hat es in sich.

Wenn wir das mal auf unsere heutige Gesellschaft spiegeln, so kann man feststellen, dass wir ebenfalls ehrenvolle Arbeiten ausführen, die zum Zusammenhalt unserer gesellschaftlichen Werte beitragen. Wie ich schon im Abschnitt über die Arbeit erläutert habe, so können wir alle Arbeiten im direkten Umfeld als diese ehrenvollen Arbeiten definieren. Erwerbsarbeit, wo wir nur unsere Arbeit an jemanden und meist auch noch zu billig verkaufen und wo viele schon mit heruntergezogenen Mundwinkeln und mieser Laune hingehen, weil die Arbeit keinen Spaß macht, nicht.

Zurück zu unseren Urahnen. Diese Menschen waren Jahrtausende glücklich und zufrieden und hatten eine wunderbare Arbeitsteilung entwickelt. Die Gemeinschaft funktionierte – bis die ersten Einzelpersonen sich als „Anführer" etablierten oder von der Gemeinschaft an die Spitze gestellt wurden und dann ihre Machtinteressen an die nächsten Generationen ihrer Familien weitergaben, also vererbten. So entwickelten sich die neuen Machtstrukturen für alle Menschen. Es entstanden so die ersten herrschenden Klassen, die so genannten „Elite", die gar keine Eliten waren, sondern nur an Macht Interessierte.

Der Weg der Macht

Es gab die Herrschaft einiger weniger über alle anderen noch nicht gleich mit der Entstehung des Menschen, wie aus dem vorigen Abschnitt hervorgeht. Diese Macht, andere Menschen zu führen, zu bevormunden, für eigene Dinge auszunutzen und schließlich zu knechten und zu missbrauchen, kam erst viel später ins Spiel und musste sich auch erst unter gewissen Bedingungen im Laufe der Zeit dazu entwickeln.

Und so könnte es angefangen haben: Noch früh in der Zeit, als sich Stämme zu bilden begannen, entwickelten sich sowohl die ersten Hierarchien als auch gab es erste Auseinandersetzungen zwischen verschiedenen Stämmen. So gab es, aber schon sehr lange, die Stammesältesten, die durch ihre Erfahrungen automatisch an die Spitze der Dorfgemeinschaften in den Stämmen gestellt wurden. Sie waren die Weisen, die im Laufe ihres Lebens die meisten Erfahrungen sammeln konnten und die man immer befragte, wenn irgendwelche Probleme anstanden.

Man stritt sich damals schon mit anderen Stämmen um die unterschiedlichsten Dinge und die Ursachen waren sehr verschieden. Vielleicht ging es um die Jagdgebiete oder um eine Wasserquelle, die jeder Stamm für sich allein beanspruchen wollte, vielleicht hat einer aus dem einen Stamm eine Frau aus dem anderen Stamm vergewaltigt, entführt oder etwas von dem Vieh des anderen Stammes gestohlen. Also zog man mit Speer, Pfeilen und Keulen los, um den anderen Stamm dafür zur Rechenschaft zu ziehen oder um sein Eigentum wieder zurück zu holen.

Das benötigte entsprechende Anführer für diese Stämme, die solche Attacken leiten mussten. Und das waren immer die, die sich durch ihren Mut im Kampf gegen einen anderen Stamm hervortaten. Und wer sich besonders hervortat, der wurde auch besonders als Held geehrt und gefeiert. Diese Helden wurden fortan an die Spitzen der Stämme gestellt, ihnen wurden Geschenke dargeboten und ihnen wurden alle Ehren zuteil. Und vor allem unterwarfen sich die Menschen ihnen und langsam mit der Zeit sogar mit strengem Gehorsam.

Inzwischen hatten diese Helden die absolute Befehlsgewalt in ihren Stämmen. Alle Stammesmitglieder waren seither ihre Untertanen und alle nahmen das ohne zu murren hin. Diese Helden waren fortan die ersten Fürsten, die sich später durch Erbschaft ihres im Laufe der Zeit angehäuften Reichtums und ihres fürstlichen Titels

Jahrtausende an der Macht halten konnten, aus denen Könige und später auch Kaiser hervorgegangen sind. Sie mussten dabei nichts weiter tun, als zu herrschen, Kriege zu führen und ihren Reichtum zu mehren, aber niemals für jemanden hart zu arbeiten.

Ich will das Thema aus den Geschichtsbüchern hier nur in etwa streifen, um dieses Buch etwas verständlicher gestalten zu können. Was ich vor allem damit sagen will, dass seit Urzeiten die einfachen Leute mit ihrer Hände Arbeit die ganze Welt bis auf den heutigen Tag aufgebaut haben und nicht die Fürsten, die Könige, Kaiser und andere Anführer, denn die gaben nur die Befehle und Anweisungen, so wie es immer nur für sie selber gut war. Es waren auch nicht die Großgrundbesitzer, die Kapitalisten und Monopolherren und die Manager der Konzerne, die persönlich Hand angelegt haben. Nein, es waren grundsätzlich immer die Bauern, die Arbeiter, die Handwerker, die Arbeitnehmer und letztendlich auch die vielen Privaten, die Ehrenamtlichen und auch die „Arbeitslosen" sowie die Hartz-4-Opfer, die mit Hand angelegt haben, um die Gesellschaft am Laufen zu halten und deren Entwicklung immer weiter voran zu bringen.

Denn kein Fürst arbeitete je auf dem Feld oder im Wald, kein König schuftete je in einem Steinbruch oder in einem Bergwerksstollen, kein Manager stand je am Fließband eines Konzerns oder an Produktionsmachinen. Es haben also alle diese „Eliten" selber nie Werte geschaffen. Das haben aber immer die, die dazu gezwungen wurden, die, die man unzureichend oder gar nicht bezahlt hat und die man dazu als Sklaven missbrauchte, die dadurch krank wurden oder sogar ihr Leben ließen. Und diese geschaffenen Werte gingen immer in den Besitz derer über, die ausschließlich die Produktionsmittel dazu besaßen und auch heute immer noch besitzen. So entstand unermesslicher Reichtum für nur sehr wenige Menschen und bitterböse Armut vieler Menschen bis zum heutigen Tag.

Die Welt gehört den Völkern, den einfachen Menschen vom Kind über Frauen und Männer bis zu den Greisen gleichermaßen. Wer vor diesen Menschen Herrschaftsansprüche geltend machen will, der begeht in jedem Fall ein Unrecht. Wer Unmengen an Werten für sich beansprucht, der betrügt die Mehrheit um ihren gemeinsamen Besitz.

Was will ich mit all dem sagen? Leute, es ist alles unseres, unser Gemeinsames. Kein Mensch hat das Recht, es für sich allein in Anspruch zu nehmen. Alles haben die Hände des kleinen Mannes geschaffen, es steckt sehr viel Schweiß und auch oft viel zu viel Blut darin. Und nicht wenige Menschen mussten dafür sogar mit ihrem Leben bezahlen. Es ist an der Zeit, dass sich nicht mehr nur sehr wenige daran bereichern, sondern dass alle davon etwas haben, um besser und glücklicher leben zu können. Und das ist ein Bedingungsloses Grundeinkommen wert, das auch jedem Kind sowie auch jedem Greis in entsprechend hohem Maß zusteht – eigentlich schon seit sehr langer Zeit! Wachen wir endlich auf und ändern das!

Eine kleine Geschichte
aus längst vergangener Zeit

Mo und Odo waren zwei Jäger in einem kleinen Dorf vor sehr langer Zeit. Sie besaßen Pfeile und Bogen und einen Speer, um das Wild zu erlegen, das sie in ihren Jagdgebieten aufspürten. Sie zogen jeden Tag in die Natur hinaus und brachten ihre Beute mit ins Dorf zurück, wo die anderen Dorfbewohner schon auf sie warteten, um es gerecht an alle zu verteilen.

Ago war ein alter Jäger, der nicht mehr so richtig laufen konnte, weil er früher als junger Jäger einmal bei der Jagd von einem Wildtier angefallen worden war und seither auf dem einen Bein hinkt. Er wartete ebenfalls schon mit den anderen, um das Fleisch an alle Dorfbewohner aufzuteilen. Jeder bekam genug, um davon satt zu werden. Kein einziger der Leute wurde je vernachlässigt und alle lebten damit sehr zufrieden und glücklich.

Ein paar Frauen, die in den nahen Wald gegangen waren, hatten viele Pilze und Beeren mitgebracht, die sie ebenfalls an alle verteilten. In der Zwischenzeit haben La und Ora, zwei ältere Frauen des Dorfes, die kleinen Kinder der anderen Frauen und der Jäger betreut, mit ihnen gespielt und Geschichten aus längst vergangener Zeit erzählt.

Ein paar andere Dorfbewohner waren damit beschäftigt, eine neue Hütte zu bauen, denn es

würde bald eine Hochzeit geben und das Braut-
paar sollte einen guten Start ins Familienleben
haben. Und ein paar weitere ältere Männer, Ka
und Ul, saßen vor ihren Hütten und stellten neue
Pfeile her für die Jagd, denn immer wieder gingen den Jägern Pfeile verloren oder zerbrachen,
wenn sie damit auf das Wild schossen.

So hatte jeder sein Tun für die Gemeinschaft, jeder war auf jeden angewiesen und jeder hatte
dieselben Rechte. So funktioniert eine Gesellschaft, in der alle gleichberechtigt sind und in der
alles stimmt und kein einziger von ihnen benachteiligt wird.

Und wenn wir mal den jetzigen Kapitalismus da
drüber stülpen, dann bringen wir diese Gesellschaft an den Rand der Existenz. Dann würde
vielleicht Bo zu Odo sagen: „Hier hast du meine
Pfeile und meinen Bogen, gehe jagen und bringe
mir die Beute. Du bekommst dann ein Stück von
der Keule ab." Somit hat zwar Odo das Wild erlegt, muss es aber Bo geben, weil er es mit einem Pfeil von Bo erlegt hat.

Und La und Ora würden jetzt ein kleines Stück
von Odos Keulenstück verlangen, weil sie währenddessen die Kinder von Odo betreuten, denn
kein anderer gibt ihnen jetzt etwas von der
Beute, weil es jetzt Bo gehört, und der liegt neben seinem Tierkadaver und passt wie ein bissi-
ger Hund darauf auf, dass ihm keiner der Leute
auch nur ein winzig kleines Stück davon weg-
nimmt.

Als nächster kommt der Dorfälteste und verlangt von Odo und von La und Ora und natürlich auch von Bo ein kleineres Stück von den Stücken und von der Beute als Abgabe für das Dorf, damit es an die Hungernden verteilt werden kann, damit sie ihr Leben besser ertragen können und nicht verhungern müssen.

Währenddessen liegt Bo neben dem großen Tierkadaver, frisst sich voll und lässt es sich gut gehen. Wer jedoch etwas vom Fleisch seiner Beute abhaben will, der muss etwas dafür geben. Doch Ago und die anderen hatten nichts und leckten sich die Lippen mit knurrenden Mägen und mussten mit ansehen, wie Bo in eine Keule nach der anderen biss und immer fetter und fauler wurde. Sie mussten sich nun mit dem Spärlichen Begnügen, das der Dorfälteste als Abgabe eingezogen hatte. Das machte aber auch nicht satt. Lediglich Ka und Ul, die die neuen Pfeile hergestellt hatten, konnten mit Bo ein Geschäft machen und ein paar Fleischstücken gegen neue Pfeile tauschen.

Und da Bo den noch sehr großen Rest des Tierkadavers nicht allein verzehren konnte, setzte bald die Verwesung ein und das Fleisch war für alle anderen Hungernden verloren. So spaltete Bo das Dorf in Besitzende und Nichtbesitzende. Kommt dir das nicht bekannt vor?

Spätestens hier erkennen wir die Parallelen zu unserer heutigen Zeit. Das ist das typische Menschen verachtende System, das Bo aus Faulheit errichtet hatte, nur dass es hier noch kein Geld gab, denn das hat man erst viel später erfunden.

Doch auch so ist Bo jetzt der Kapitalist und somit der Schmarotzer der Gesellschaft, lässt für sich arbeiten und geizt mit der Herausgabe des Fleisches an die Gemeinschaft. Dabei lief vorher alles so gut. Und genau das haben die meisten Menschen vergessen, oder besser, ist ihnen im Laufe der Jahrtausende vorenthalten worden. Die Gesellschaft ist eins, es gibt keine so genannten „Eliten" an der Macht, besonders nicht in der Finanzwelt. Rein menschlich ausgedrückt sind dies alles nur die Parasiten und Schmarotzer der Gesellschaft, nämlich unserer Gesellschaft.

Eine revolutionäre Erfindung der Menschheit war später das Geld. Jetzt musste man nicht mehr Ware gegen Ware oder Ware gegen eine Dienstleistung tauschen, sondern konnte sogar Geld ansammeln und dann bei Gelegenheit das erkaufen, was einem Gefiel oder was man gerade brauchte.

Heute kann man auch ähnlich wie in der Urgesellschaft jedem seinen Anteil geben, jedem sein Teil an der gesellschaftlichen Wertstellung. Denn jeder bringt durch seine Arbeit seinen Anteil dafür auf die Waagschale für die Gesellschaft, nicht für den Fabrikbesitzer, den Kapitalisten oder den Manager, also nicht über Erwerbsarbeit.

Um diese Gerechtigkeit für jeden einzelnen Menschen umsetzbar zu machen, ist das Bedingungslose Grundeinkommen das geeignetste Mittel überhaupt, um endlich wieder eine gerechtere Welt nach Jahrtausenden Schmarotzerei einiger weniger Bos zu erschaffen.

Das Bedingungslose Grundeinkommen

Kommen wir zu Beginn gleich auf den Punkt – auf das Bedingungslose Grundeinkommen (BGE) oder Universal Basic Income (UBI), wie es international schon ein Begriff ist.

Eigentlich ist die Idee für ein Grundeinkommen schon ein paar hundert Jahre alt. Bereits zu Beginn des 16. Jahrhunderts erschien die Idee in einem Roman („Utopia" von Thomas Morus), allen Menschen im Land Geld in die Hand zu geben, um Diebstahl vorzubeugen. Wenig später wurde der Gedanke weiterentwickelt, um die Armen zu unterstützen. Im Laufe der Jahrhunderte wurden weitere fiktive Gerechtigkeitsprojekte daraus. Erst im 20. Jahrhundert entwickelte man verschiedene Konzepte für das Bedingungslose Grundeinkommen.

Im Jahre 2016 gab es in der Schweiz eine Volksabstimmung darüber, bei der sich die Befürworter zwar nicht durchsetzen konnten. Seit dieser Volksabstimmung hat aber die Diskussion über das BGE in der ganzen Welt massiv an Fahrt aufgenommen.

Immer mehr Menschen sehen im BGE die beste Möglichkeit, Wohlstand für alle zu schaffen, die Ungleichheit zwischen Arm und Reich zu reduzieren und ein rundum abgesichertes, freies und zufriedenes Leben für ausnahmslos alle Menschen zu ermöglichen.

In Deutschland (und nicht nur hier) gab es schon mehrere Umfragen zum BGE. Die Auswertungen ergaben, dass sogar mehr als die Hälfte der Bundesbürger mit Stand 2019 ein Grundabkommen befürworten. Bei der Abstimmung 2016 in der Schweiz waren es nur 23 Prozent – trotzdem ein Erfolg. Und die Befürworter werden von Tag zu Tag immer mehr.

Mit einem BGE kann sich jeder selbst mit kreativen und sinnvollen Tätigkeiten verwirklichen, ohne dass er befürchten muss, ins soziale Abseits zu rutschen und wie ein Stein im tiefen kalten Wasser unterzugehen. Jeder hat somit sein Leben voll im Griff und ist finanziell abgesichert, ohne dass Armut entstehen kann.

Es gab schon viele Experimente auf der ganzen Welt, und das nicht nur in den letzten Jahren. 1970 unter Präsident Nixon hätte die USA beinahe das Universal Basic Income, also das Universelle Grundeinkommen, wie das BGE im Englischen heißt, eingeführt. Leider scheiterte es an den US-Demokraten – ja, genau - den Demokraten.

Besonders erwähnenswert wären für mich zwei Experimente. Das Experiment in Kanada und das in Finnland.

In Kanada testete man das BGE von 1974 bis 1978 an 1300 Familien in der kanadischen Stadt Dauphin. Das Experiment wurde 1978 plötzlich durch die neue konservative Regierung, die einer demokratischen folgte, eingestellt und die gesamte Dokumentation, ohne sie auszuwerten, eingelagert. Erst etwa 40 Jahre später begann man mit der Auswertung und stellte fest, dass Menschen, die ein Bedingungsloses Grundeinkommen erhalten, gesünder leben, da sie weniger Stress ausgesetzt sind. Junge Menschen gehen länger zur Schule und viele von ihnen studieren sogar – mehr als durchschnittlich üblich. Sogar die Kriminalität geht stark zurück, was ebenfalls sehr bemerkenswert ist.

Aus Finnland hört man ähnliche positive Aussagen. Hier bekamen etwa 2.000 Probanden jeden Monat 560 € von Januar 2017 bis Dezember 2018. Zum Abschluss kann man auch hier feststellen, dass ein Leben mit Grundeinkommen viel ruhiger und ohne Stress gelebt werden kann. Man hat für viele Dinge Zeit, auch für die Suche nach Arbeit – worum es den finnischen Behörden eigentlich ging, dies auszutesten. Man lebt so viel gesünder, sicherer, zufriedener.

Ebenfalls aus vielen anderen Experimenten auf der ganzen Welt, zum Beispiel aus Namibia, aus Kenia, aus Alaska (USA) und vielen anderen Ländern wie Indien, Kuba, Iran, Mongolei, sind positive Signale vernehmbar.

Auf jedem Fall wird man in keinem anderen System sicherer, besser und ruhiger leben können als in einem System, das auf einem Bedingungslosen Grundeinkommen beruht.

Wer soll das bezahlen?

In meinen vielen Diskussionen mit den verschiedensten Menschen höre ich immer wieder, dass das BGE nicht finanzierbar wäre. Und immer wieder wird die Frage gestellt: Wer das bezahlen oder wo das Geld herkommen soll.

Doch, es ist finanzierbar, antworte ich immer. Als nächstes schiebe ich dann meistens ein Zitat hinterher: „Es gibt auf der Erde Geld wie Dreck. Es haben nur die falschen Leute!" Das sagte einmal Heiner Geißler von der CDU, also sogar einer der Konservativen, die eigentlich nichts vom BGE halten und es vollkommen ablehnen. Und damit hatte er sogar ungemein recht behalten!

In Deutschland (und natürlich nicht nur hier) gibt es eine Hand voll Menschen, deren Konten sich Monat für Monat mit Millionen und aber Millionen von Euros füllen. Das sind Gelder, deren Höhe mehrfach durch die Decke schießt, während die Armut sehr vieler Menschen immer weiter ins Bodenlose fällt. Und das ist diese Schere zwischen Arm und Reich, die immer weiter und immer schneller auseinanderdriftet.

Diese reichen Menschen bekommen Traumrendite aus irgendwelchen Beteiligungen oder Aktien, ohne auch nur einen Finger dafür krumm zu machen. Das ist eine Haare sträubende Ungerechtigkeit.

Es gibt sehr gute Ansatzpunkte, um ein BGE für alle hervorragend finanzieren zu können. Hier nur ein einziges Beispiel dafür: Auf der deutschen Börse wurden im Jahre 2018 etwa 250 Billionen Euro umgesetzt. Und das noch einmal in einer Zahl: 250.000.000.000.000 Euro – 25 mit 13 Nullen! Das ist im wahrsten Sinne des Waortes Geld wie Dreck und das ist noch nicht einmal das Ende der Fahnenstange! Davon nur ein einziges Prozent als Finanztransaktionssteuer wären 2,5 Billionen Euro. Somit könnte jeder Bürger unseres Landes (und wir sind 83 Millionen) mit sage und schreibe 2.500 € monatlich versorgt werden!!! Und das gilt für ausnahmslos jeden Bürger von der Geburt an bis zum letzten Atemzug und ohne irgendwelche Abstufungen – also vom Neugeborenen bis zum Über-100-Jährigen Greis.

Bisherige Sozialleistungen wie Hartz 4, BAföG, Kindergeld, Elterngeld und vieles mehr würden wegfallen und damit auch die extrem aufgeblähten Verwaltungsapparate, die ebenfalls Milliarden an Unsummen Monat für Monat verschlingen.

Es gibt viele verschiedene Konzepte. Es sind sogar weit über 100 verschiedene, die alle gut durchgerechnet wurden, und jedes einzelne von ihnen könnte zum Einsatz kommen, wenn die Politik es nur will. Aber mit einer konservativen Regierung, die hauptsächlich für die Reichen arbeitet und von denen korrumpiert und gelenkt wird, kann man ein Bedingungsloses Grundeinkommen nicht einführen, und schon gar nicht mit einer Protestpartei vom rechten Rand, die in ihrem Gedankengut an den Beginn der dreißiger Jahre des vorigen Jahrhunderts erinnert. Bei beiden wird alles schon im Keim erstickt. Das funktioniert nur mit einer Partei ab links der Mitte bis links. Und es müssen Politiker sein, die zukunftsorientiert denken, die bereits im 21. Jahrhundert angekommen sind und nicht alte Denkwerte aus dem vorigen Jahrhundert weiterhin zum Maßstab aller politischen Aktionen nehmen.

Die Höhe des Bedingungslosen Grundeinkommens

Zurzeit, 2019, ist im Allgemeinen die Rede von 1.500 Euro. Vor wenigen Jahren waren es noch 1.000 Euro, von denen man ausging. Aber die Zeiten ändern sich bekanntlich und das rasant. 1.000 Euro würden heutzutage nicht mehr ganz ausreichen. Also sollte jeder Erwachsene jeden Monat 1.500 Euro für sein ganzes Leben lang erhalten. Kinder sollten etwa die Hälfte ausgezahlt bekommen – sie haben keine Kosten wie Miete, Steuern und andere Abgaben zu leisten wie die Erwachsenen. Das wären dann angemessene 750 Euro.

Ich würde hierbei noch etwas unterteilen. 750 Euro für Kinder bis zum Vorschulalter, also bis etwa sechs Jahren und mit Eintritt in die Schule dann 1.000 Euro, denn es kommen schließlich Schulbücher und Hefte dazu und die Ansprüche steigen im Rahmen der gesellschaftlichen Teilhabe ebenfalls.

Dann mit Vollendung des 14. Lebensjahres noch eine weitere Stufe höher auf 1.250 Euro, weil die

Ansprüche noch mehr steigen werden und gesellschaftliche Teilhabe sich auch ins Kostenintensivere ändert.

Und mit der Erreichung des Erwachsenenalters, also mit Vollendung des 18. Lebensjahres, gibt es dann den vollen Satz von 1.500 Euro als Bedingungsloses Grundeinkommen.

So würde zum Beispiel eine Familie mit drei Kindern, eines im Baby- oder Kleinkindalter, eines im Schulalter und eines im Jugendalter, 750 Euro + 1.000 Euro + 1.250 Euro + 2x 1.500 Euro = 6.000 Euro bekommen – und das würde es dann Monat für Monat bis zur nächsten Höherstufung geben. Und wenn alle später das Erwachsenenalter erreicht haben, bekommen alle zusammen 7.500 Euro.

Diese Höhe würde bedeuten, dass man zum Beispiel nicht in einer zu kleinen Wohnung leben muss, wo es sehr eng ist und keine Freude aufkommt und man ausziehen soll, weil es das Amt nach dessen eigenen Vorgaben so will, weil die Wohnung vielleicht nur einen oder zwei Quadratmeter zu groß ist.

Man kann seine Wohnverhältnisse seinen Wünschen anpassen, man hat viel mehr finanziellen Spielraum, um am öffentlichen Leben, an öffentlichen Veranstaltungen, Theater, Kino, Sportveranstaltungen usw. teilzuhaben. Jeder mir BGE ist Kreditwürdig, kann sich leicht einen größeren Wunsch erfüllen. Man kann auch öfter mal in ein gepflegtes Restaurant gehen und sich etwas Gutes gönnen, was sonst mit einem sehr kleinen

Einkommen unmöglich gewesen wäre. Man kann seinem Hobby freien Lauf lassen, ohne dass man gleich an finanzielle Grenzen stößt.

Das Bedingungslose Grundeinkommen wird unser aller Leben auf Anhieb sehr zum Positiven beeinflussen. Das Leben wird lebenswerter – und das ausnahmslos für jeden.

Es sollte aber auch noch Sonderzahlungen geben. Behinderte Menschen oder Menschen mit lebenseinschränkenden Krankheiten und anderen Handicaps müssen Zuschüsse erhalten, weil sie Mehrbedarfe haben, um ebenfalls würdig leben zu können. Hier würde ich ein paar Stufen einführen. Wie viele und wie hoch die Zahlungen für diese Stufen sein müssen, das kann ich nicht beurteilen. Das müssen dann die entsprechenden Spezialisten oder Gutachter dafür festlegen.

Nur um ein paar Zahlen zu nennen, sage ich mal vier Stufen zu je 250 Euro. Also wer die erste Stufe des Zuschusses hat, der bekommt 250 Euro dazu, die zweite Stufe 500 Euro, die dritte Stufe 750 Euro und wer die vierte Stufe hat, der bekommt 1.000 Euro zu seinem BGE dazu.

Fairer geht es eigentlich nicht. Jeder wird berücksichtigt.

Ablehnung des BGE

Es gibt verschiedene Gruppen, die kategorisch das BGE ablehnen. Das sind zum Beispiel konservative Parteien von der Mitte bis zum rechten

Rand. Das sind Leute, die noch im vorigen Jahrhundert leben und fortschrittlichen Dingen eher skeptisch gegenüberstehen. Leider bilden diese Kräfte heute (2019) den Großteil der Regierung und sind mit dem bestimmenden Kapital scheinbar unlösbar verfilzt.

Das Kapital, also die Konzerne, Banken und nicht zu vergessen ein Großteil der Reichen und Superreichen sehen im Bedingungslosen Grundeinkommen schwerwiegende Nachteile für sich selbst. Der Kapitalismus will Profite machen und nicht abgeben, das liegt so in seinem Wesen.

Der Grund: Erst einmal können sie nicht mehr auf billige Arbeitskräfte zurückgreifen, um ihre Ausgaben zu minimieren und ihren Profit zu maximieren, weil mit dem BGE kein Mensch mehr für Hungerlöhne arbeiten wird. Und die Jobcenter, Werkzeuge dieses Regierungsfilzes, die bisher dafür bei den Menschen Druck gemacht hatten, gibt es dann nicht mehr.

Sie werden um ihre Profite fürchten, weil sie für das neue System mit dem BGE viel mehr steuerlich zur Kasse gebeten werden, als es bisher der Fall gewesen ist. Denn sie müssen jetzt nach Jahrtausenden kontinuierlicher Ausbeutung der Menschen, die für sie und ihre Vorfahren gearbeitet haben, viel von dem Gestohlenen und Erbeuteten zurückgeben.

Die Macht, die sie bisher indirekt durch ihren Regierungsfilz ausgeübt haben, werden sie nicht loslassen wollen, denn sie hatten immer ihre Vorteile dadurch erlangen können. Sie haben die konservative Regierung zu ihrem Erfüllungsgehilfen gemacht.

Eine weitere Ablehnung kommt aus dem rechten Lager, hauptsächlich aus dem Lager der sogenannten Protestpartei und ihrer Sympathisanten, ihrer Wählerschaft. Sie liebäugeln mit Verhältnissen der 40er und 50er Jahre und ein Teil von ihnen sogar der frühen 30er Jahre. Da muss man nicht weiter drauf eingehen. Das ist nur noch braunes Zeugs. BGE kann man dort nicht säen. Das wird auf einem solchen Boden nie keimen.

Es gibt auch immer noch Menschen, die vom Bedingungslosen Grundeinkommen noch nie etwas gehört haben. Auch sie sind oft erst ablehnend dem gegenüber. Teilweise konnte ich solche Leute schon überzeugen. Andere bleiben aber stur bei ihrer Ablehnung, obwohl sie darüber nichts wissen und nichts wissen wollen – eben nur, weil sie recht haben wollen. Das sind oft Menschen, die es erst gut finden, wenn sie es tatsächlich haben

Doch das Lager der Ablehnenden schmilzt langsam vor sich hin. Immer mehr erkennen, dass es in unserer Zukunft keine andere Alternative geben kann als das Bedingungslose Grundeinkommen einzuführen.

Aber dann werden ja alle faul!

Auch das muss ich immer wieder einigen Leuten klar machen, mit denen ich über das Thema BGE diskutiere. Das ist ein Argument, das sehr oft benutzt wird, um das BGE abzuwerten und infrage zu stellen. Und frage ich dann jedes Mal weiter zur eigenen Faulheit desjenigen, mit dem ich diskutiere, dann bekomme ich immer wieder zu hören, dass es doch immer die anderen sind, die faul sein würden, aber niemals man selber, schmunzel…

In Wirklichkeit regt das Bedingungslose Grundeinkommen dazu an, sich mit einer sinnvollen Tätigkeit zu befassen und sich auf diese Weise zu verwirklichen. Jeder Mensch hat einen Traum, an dem er jetzt arbeiten kann, ohne Angst haben zu müssen, in einer tiefen Erdspalte des Zwanges und der absoluten Armut für immer zu verschwinden.

Ich erinnere an den Abschnitt „Was ist Arbeit?" am Anfang des Buches. Später gehe ich noch darauf ein, was man alles mit einem Bedingungslosen Grundeinkommen tun kann, wie sinnvoll es ist, frei und ohne Zwang sich in die Gesellschaft einzubringen und/oder seine Träume damit zu verwirklichen.

Kein Mensch wird sich von morgens bis abends faul auf das Sofa legen und absolut nichts tun. Und wenn doch, dann ist es seine Sache, was er aus seinem Leben macht. Natürlich wird es auch solche Leute geben. Die gab es gestern auch und heute genauso, das sind Menschen, die keinen anderen stören. Sie brauchen nichts, sie wollen nichts und vielleicht können sie auch nichts. Also lassen wir sie in Ruhe, die stören uns nicht und werden uns auch in Zukunft nicht stören.

Irgendeine Arbeit führen sie täglich doch aus. Das hatte ich schon geschildert.

Die Behauptung „Wer nicht arbeitet (Erwerbsarbeit nachgehen) ist faul" ist ein alter Hut aus längst vergangener Zeit, um menschliche Leistung zu befeuern. Wer das trotz alledem immer noch behauptet, der ist in unserer jetzigen Zeit vollkommen fehl am Platz. Wir leben im 21. Jahrhundert, im Zeitalter digitaler Technik und des Grundeinkommens. Erwerbsarbeit ist nicht mehr das große Thema, sondern jetzt dreht sich alles nur noch um sinnvolle Tätigkeiten im Rahmen der Möglichkeiten eines Bedingungslosen Grundeinkommens, die jeder Mensch für sich selber entscheiden und gestalten kann und soll, wie er es will. Kein Mensch ist faul. Täglich zu arbeiten liegt in seiner Natur!

Eine Profi-Regierung –
frei von Dilettantismus

Ohne Parteien geht alles viel besser. Hier geht es im übertragenen Sinne nicht nach rechts und nicht nach links, sondern immer nur geradeaus und Oben muss nach Unten auf den Teppich der Gerechtigkeit geholt werden. Somit bekommen auch die von unten die Chancen ihres Lebens, die ihnen durch ihre Armut verwehrt bleiben würden.

Es geht einzig und allein um das Wohl aller Menschen und nicht um das Wohl einzelner oder nur einer bestimmten Gruppe, nein restlos aller und es wird kein einzelner dabei ausgelassen, keiner wird vergessen!

Parteien haben die Eigenschaft, sich um die Belange bestimmter Interessengruppen zu kümmern, wenn sie nicht gerade einen Vertrag mit einer anderen Partei eingehen, die sich wieder für eine andere solche Interessengruppe einsetzt. Daraus entstehen dann oft ganz andere Interessenskonzepte. Und das macht das Volk politikmüde. Sie wählen eine Partei, weil sie ein bestimmtes Ziel erhoffen, dann schließt diese Partei einen Koalitionsvertrag mit einer anderen Partei und das Ziel ist somit nicht mehr so wie erhofft oder wurde damit sogar vollkommen abgeändert. Die Menschen sind daraufhin mit Recht wütend. Und das kennen wir ja zur Genüge. Versprechen können so nicht mehr eingehalten werden.

Dieses sollten Politiker-Profis verhindern. Und mit Profis meine ich nicht Politiker, die schon lange Politiker sind, obwohl sie mal Buchhalter, Förster, Rechtsanwalt, Arzt, Physiker, Dachdecker, Archäologe oder sonst etwas waren. Ich meine Politiker, die das studiert haben, wofür sie jetzt eingesetzt werden, die also auf der Uni Politikwissenschaften, Ökonomie, Verkehrswesen und ähnliches Fachliches, was in der Politik unbedingt benötigt wird, als Studium erfolgreich abgeschlossen haben. Nur so kann ein ganzer Staat zum Wohle des Volkes geführt werden. In der Wirtschaft funktioniert das schließlich auch nur so.

Politiker müssen fundiertes Fachwissen mitbringen, sie müssen zumindest Politikwissenschaften studiert haben, um auf diesem Fachgebiet erfolgreich arbeiten und folgerichtige Entscheidungen fällen zu können.

Man kann die Ministerien nur mit den entsprechenden Fachleuten besetzen. Das war in der Vergangenheit eher sehr wenig der Fall. Es gab immer wieder extreme Fehlbesetzungen, die ich aber hier nicht weiter erläutern will, um eventuelle Angriffe auf mich und rechtliche Probleme zu vermeiden. Aber viele Menschen, denen die Politik am Herzen liegt, kennen diese dilettantischen Fehlbesetzungen. Und von denen gab es in letzter Zeit nicht wenig.

So sollten den einzelnen Ministerien immer Minister zugeteilt werden, die auf den Gebieten spezialisiertes fachliches Wissen mitbringen neben dem Politikwissen.

42

Für das Gesundheitsministerium kann nur jemand infrage kommen, der zusätzlich zum Politikwissen auch medizinisches Wissen hat. Genauso ist es beim Finanzministerium. Außer Politik sollte auch Finanzwirtschaft studiert worden sein. So setzt sich das fort durch alle Ministerien. Kein einziger Laie sollte in der Politik jemals wieder sein dilettantisches Unwesen treiben können.

Nur so lässt sich ein ganzes Land, ein Staat erfolgreich und gerecht regieren.

Volksabstimmungen

Das ist das wohl beste Instrument einer jeden Demokratie. Die Menschen sollen selber entscheiden und in der Politik mitreden können. Bisher musste man die Programme der einzelnen Parteien hinnehmen und sich dann über eine teilweise oder gar über die totale Änderung durch Koalitionsverträge blauärgern. Und das Resultat daraus: Viele Bürger und Bürgerinnen machen bei der Wahl gar nicht mehr mit oder wählen eine Partei, die noch schlimmere Ziele hat als die alteingesessenen Parteien – aus Protest und ohne darüber jemals nachzudenken. So entscheiden sich viele sogar für den gefährlichen rechten Rand. Nur um den Politikern eins auszuwischen, aber nicht bewusst, dass ein solcher rechter Rand im vorigen Jahrhundert fast zwölf Jahre lang Hass, Mord, Terror und Krieg verbreitete.

Das ist mit den Volkabstimmungen nicht der Fall. Dort stimmt man etwas zu oder lehnt es ab. Ein

Mischmasch oder etwas vollkommen anderes wie bisher kann es dann nicht mehr geben. Und so wird das Ergebnis immer eindeutig werden – für oder gegen etwas.

Die Volksabstimmungen sollte es auf insgesamt vier Ebenen geben – auf Bundesebene, auf Landesebene, auf Kreisebene und auf Orts- bzw. Stadtebene.

Um die volle Mitsprache in der Politik zu gewährleisten, hat jeder Bürger das Recht, eine Volksabstimmung auf den entsprechenden Ebenen zu beantragen. Dies wird von einer Abstimmungskommission bewertet, ob es lohnt oder nicht, ob es angemessen ist oder nicht, und bei Zustimmung entsprechend in die Wege geleitet. Und jeder Bürger ab 16 Jahren kann dann seine Ja- oder Nein-Stimme abgeben.

So kann man Demokratie perfekt umsetzen. Keiner wird hierbei benachteiligt, es geschieht alles gerecht, was bisher nicht so richtig klappte. Zu viele Lobbyisten und auch Koalitionen sowie legal gemachte Korruption haben in der Vergangenheit vieles zunichte gemacht, was die Menschen erwartet hätten. Manche abgehobenen Politiker von heute denken sogar, dass die Menschen nicht mündig genug sind, um ihnen das Entscheidungsmittel Abstimmung anzuvertrauen – eine arrogante Einstellung.

Mit Volksabstimmungen haben wir das demokratischste Instrument in der Hand, welches es überhaupt je gegeben hat. Ein Blick in die Schweiz zeigt uns, wie wunderbar und gerecht

es mit Volksabstimmungen zugehen kann. Dort
ist es ein fester Bestandteil des politischen Lebens geworden.

Reden wir mal
über „Sterne-Politiker"

Um ihr Können und ihren Umgang mit ihren Äm-
tern zu belohnen und Korruption und Lobbyismus zu verhindern bekommen Politiker regelmäßig Bewertungen. Die werden als Sterne gesammelt und wer die meisten Sterne hat, der ist im
Stadtrat, in der Landes- oder aber in der Bun-
desregierung. So einfach kann man das machen.
Doch man muss dem auch Regeln geben, damit
nichts schiefläuft.

Sterne müssen verdient werden. Und somit
wird jeder Berufspolitiker in einem Bewertungs-
system gelistet. Das wird wie wählen sein, nur
noch gerechter. Das Volk vergibt mit seinem
Voting Sterne oder nimmt sie wieder weg und
befähigt so die Politiker mit den meisten Ster-
nen, ein entsprechend hohes Amt in der Stadt,
im Kreis, im Land sowie auch auf Bundesebene
zu bekleiden.

Das könnte ungefähr so wie folgt aussehen:

Bewertet wird jeden Monat, quartalweise, halbjährlich oder jährlich einmal. Und das gilt für jeden Bürger ab dem 16. Lebensjahr in allen Bun-
desländern gleichermaßen. Das kann man über
das Internet oder auch offline in den extra dafür

eingerichteten Stellen vom Amt schnell und bequem erledigen.

Jeder Bürger kann auf jeden Politiker seines Bewertungs-Kreises (früher Wahlkreis) nur eine Bewertung abgeben. In jeder Bewertung kann nur ein Punkt zwischen -1 bis +3 abgegeben werden, wobei +3 eine topp Bewertung darstellt und -1 eine sehr schlechte Votierung ist.

Wer sich etwas zuschulden kommen lässt, so dass durch die entsprechenden Behörden gegen ihn ermittelt werden muss (Korruption, Amtsmissbrauch, Veruntreuung usw.), der verliert alles und muss seinen Posten dauerhaft räumen. Dieser Politiker kann sich dann im Rahmen seines Bedingungslosen Grundeinkommens bewegen und sich neu, aber nur privat profilieren. Er ist fortan von jeglichen Jobs in der Politik ausgeschlossen. Das spornt natürlich zu guten Leistungen an. Wer will da schon rausfliegen?

Aber ein Politiker, der etwas Besonderes leistet, kann auch mit einer hohen Punktzahl geehrt werden.

Das kann bei besonderer Beliebtheit in der Bevölkerung geschehen oder er hat sich durch eine besonders hervorragende Tat hervorgetan. Solche Ehrungen kann man vielleicht noch hochstufen – 1. Klasse, 2. Klasse usw.

Und wer auf der Bundesebene Politik macht, also im Parlament oder in der Regierung sitzt, der wird auch bundesweit von jedem Bürger in den oben genannten Intervallen neu bewertet werden können. Und wer wieder die meisten Punkte von allen hat, der wird Regierungschef, der wird der Kanzler.

Koalitionen, wie es heute zwischen Parteien üblich ist, wird es nicht mehr geben können. Denn Parteien haben ausgedient und werden in einer modernen gerechten Welt nicht mehr gebraucht. Denn ursprünglich vertraten Parteien immer bestimmte Klassenkampfgruppen von links bis rechts. Mit der BGE-Gesellschaft wird es keinen Klassenkampf mehr geben. Und das macht Parteien vollkommen überflüssig.

Steuersystem vollkommen erneuern!

Um Steuern gerecht zu machen, muss ein vollkommen neues System aufgebaut werden. Mit Gerechtigkeit hat unser jetziges Steuersystem bei weitem nichts mehr zu tun. Arbeit im Sinne von Erwerb, der Fleiß vieler Menschen für wenige Menschen, darf auf keinen Fall mehr besteuert werden. Steuern auf Arbeit (Lohnsteuer) sind nicht für eine Zeit gemacht worden, in der die Digitalisierung die meiste (Erwerbs)Arbeit übernimmt.

Wer aber mehr aus Geschäften einnimmt, der muss auch entsprechend höher besteuert werden. Finanztransaktionen müssen deshalb besteuert werden, genauso wie Luxusgüter und große Erbschaften sowie auch ein ungesundes Leben.

Das normale Volk darf nicht ausgepresst werden, wie es heute noch der Fall ist – Besteuerung von Arbeit, zu hohe Mehrwertsteuer für Waren des täglichen Bedarfs, das darf es nicht mehr, zumindest nicht mehr in der Form geben. Wer Millionen-Einkommen einnimmt, der muss auch Millionen an die Allgemeinheit abgeben. Und wer ein riesiges Vermögen erbt, der muss auch das Meiste davon an die Allgemeinheit abgeben.

Auch hier bei den Steuern müssen wir wie bei der Arbeit vollkommen neu denken. Und so bauen wir ein ganz neues und gerechteres Finanzsystem auf. Es soll dem Volk dienen und nur dem Volk, aber das Volk sind alle. Auch die viel Geld abgeben müssen, die gehören zum Volk!

Und diese Steuern würde ich in das neue gerechte System implementieren:

Als erstes wäre die **Finanztransaktionssteuer** zu nennen. Sie wird das meiste Geld erwirtschaften. Wie ich Eingangs das Beispiel mit einem Prozent angegeben habe, wird es wohl so nicht umgesetzt werden, eher mit 0,5 oder 0,75 Prozent. Das ergibt aber auch schon eine enorme Summe. Hier ist nicht nur die Börse beteiligt, sondern jeder, der auf seinem Konto Geld empfängt, hat diese 0,5 oder 0,75 Prozent Steuern abzugeben. Das sind bei 100 Euro nur 50 oder 75 Cent, bei 1000 Euro 5 oder 7,5 Euro. Nur wer sehr viel Geld empfängt, der zahlt entsprechend mehr. Bei einer Million wären das zum Beispiel schon 5000 oder 7.500 Euro, die der Gesellschaft zugutekommen. Und bei einer Milliarde sind es dann bereits 50 oder 75 Millionen Euro.

Wer erbt, der muss wie eh und je **Erbschafts-steuer** Zahlen. Das war schon immer so, wird es auch so bleiben. Die Freigrenze sollte aber entsprechend hoch sein und was darüber ist, sollte gut besteuert werden. Keine verwirrenden Spielchen, sondern konkrete und übersichtlich abgestufte Sätze.

Immer wieder wurden Milliarden-Vermögen vererbt. So entstanden private Imperien, die die halbe Welt fast zum Bersten gebracht haben. Das bedeutet immer wieder euer Reichtum, der schnell noch mehr neuen Reichtum erzeugt und dem Volk somit Grundlagen zum Leben entzieht, indem die Schere zwischen Arm und Reich immer weiter auseinandergetrieben wird. Das ist wie bei einem Obstbaum. Die in den Ästen sitzen, die haben die köstlichsten Früchte vor ihren Nasen und können sich laben. Die aber am Boden sitzen, müssen sich mit dem zufrieden geben, was übrig bleibt und nach unten fällt.

Kein Mensch hat etwas dagegen, dass jemand reich ist. Ich persönlich gönne es sogar jedem. Aber durch solche riesigen Erbschaften, die immer absurder werden, sind auch viele Ungerechtigkeiten ins Absurde gewachsen.

Ich würde Erbschaften wie folgt besteuern:

50.000 €	Freibetrag
bis 100.000 €	10 Prozent
bis 1 Million €	25 Prozent
bis 5 Millionen €	50 Prozent
bis 10 Millionen €	80 Prozent
und alles darüber mit	95 Prozent.

Somit hätte jemand, der eine Milliarde Euro erbt, eine Erbschaftssteuer von 945.730.000 Euro zu zahlen. Davon bleibt immer noch eine sehr stolze Summe von 54.270.000 Euro. Der Mensch, der eine Milliarde erbt, ist nach der Erbschaftssteuer immer noch nicht arm und kann mit diesen 54 Millionen Euro immer noch eine Menge anstellen. Er bleibt reich!

Eine **Schenkungssteuer** sollte so ähnlich Behandelt werden wie die Erbschaftssteuer. Hierbei sollte aber stets darauf geachtet werden, dass sich im Laufe der Jahre Schenkungen von ein und derselben Person zu der anderen selben Person addieren, um zu vermeiden, dass eine spätere Erbschaftssteuer damit umgangen wird. Gier macht erfinderisch. Und die Gier werden wir wohl nicht ganz ausrotten können.

Bei der **Einkommensteuer** sollte ein großer Freibetrag dazu beitragen, dass die kleinen Leute möglichst davon verschont bleiben. Hier sollte wieder das BGE außer Acht gelassen und auf keinen Fall mit in die Berechnungen einbezogen werden.

Ein Freibetrag von 24.000 Euro, also monatlich 2.000 Euro aufgerechnet, wären gut zu vertreten. Dann würde ich bis 50.000 Euro mit 20 Prozent versteuern, bis 100.000 Euro mit 35 Prozent, bis 1 Million Euro mit 50 Prozent, bis 5 Millionen Euro mit 70 Prozent, bis 10 Millionen Euro mit 85 Prozent und alles, was über 10 Millionen Euro liegt, mit 95 Prozent Einkommensteuer.

Wer zum Beispiel ein Einkommen von 1 Milliarde Euro im Jahr hat, der muss etwas über 948 Millionen Euro Einkommensteuer zahlen. Auch hier bleibt genug Geld, nämlich 52 Millionen Euro, für ein fürstliches Leben in Saus und Braus über.

Die **Mehrwertsteuer** wird nicht abgeschafft, sie wird aber für Waren des täglichen Bedarfs ausgesetzt. Das bedeutet, dass alle Waren für Essen, Trinken, Putzen, Lernen usw., also Waren für den täglichen Bedarf, Mehrwertsteuerfrei werden. Dies gilt auch für jegliche Dienstleistungen aller Art.

Dann aber werden drei Steuerklassen folgen:

Klasse 1 mit 10 Prozent alle Gebrauchsgegenstände, die bisher mit 19 Prozent versteuert wurden. Darunter würden zum Beispiel Möbel, Elektrogeräte, Autos und vieles anderes fallen. Das sind alle Dinge, die man nicht jeden Tag kauft und braucht.

Klasse 2 mit 25 Prozent werden alkoholische Getränke und Tabakwaren sowie alle anderen der Gesundheit schadenden Waren versteuert. Darunter könnten eventuell auch legalisierte Drogen (außer Cannabis, steuerfrei, weil es gesund ist!) und Zucker fallen.

Und in **Klasse 3** mit 50 Prozent wird eine **Luxussteuer** auf Waren im gehobenen Preissortiment der Extraklasse erhoben.

Wer sich zum Beispiel eine Rolex für 10.000 Euro kauft, der kann auch dazu eine Mehrwertsteuer von 5.000 Euro entrichten, also diese Rolex für

15.000 € erwerben. Genauso verhält es sich mit einer Luxusyacht. Wer 1 Million Euro dafür ausgeben kann, der kann auch 1,5 Millionen Euro dafür zahlen.

Eine zusätzliche **Giftsteuer** könnte eventuell auf die Gesundheit gefährdenden Waren erhoben werden (Tabak, Alkohol usw.), die die Produktionsfirmen zu entrichten haben – ähnlich wie entsprechende Steuern von heute.

Roboter und Anlagen, die im Laufe der Digitalisierung in der Wirtschaft eingesetzt werden, müssen so besteuert werden, wie an deren Stelle arbeitende Menschen im Vollzeitjob versteuert worden wären. Das wäre dann die **Robotersteuer**, die schon so oft in Verbindung mit dem Bedingungslosen Grundeinkommen diskutiert wurde.

Es geht also darum, festzustellen, wie viel Arbeiter anstelle des Roboters ursprünglich gearbeitet hätten, um denselben Wert zu erarbeiten, den jetzt die Robotertechnik erarbeitet.

Ein Beispiel: Ein Roboter schweißt Autoteile zusammen. Er arbeitet an sechs Tagen in der Woche rund um die Uhr. Dieselbe Arbeit hätten neun Arbeiter in der gleichen Zeit und im Drei-Schicht-System vollbracht. Diese neun Arbeiter hätten je 40 Stunden in der Woche gearbeitet und am Monatsende etwa 4.000 € brutto verdient. Die Lohnsteuer liegt somit für einen Arbeiter in der Lohngruppe 1 bei ungefähr 700 €. Somit wäre die Robotersteuer für diesen einen Roboter bei etwa 6.300 € im Monat anzusetzen.

Diese Robotersteuer würde also in etwa der bisherigen Lohnsteuer entsprechen, die aber nicht mehr an menschlicher Arbeit erhoben werden soll, denn menschliche Arbeit darf nicht mehr besteuert werden.

Und zum Schluss noch eine **Ökosteuer** auf Geräte und Anlagen, die die Umwelt in Mitleidenschaft ziehen, darunter CO_2-ausstoßende Anlagen. Diese Steuer darf nicht auf Warenkalkulationen umgelegt werden. Sie muss von den Firmen entrichtet werden und nicht vom Endverbraucher. Hier müssen Kontrollmechanismen eingebaut werden, damit das auch eingehalten wird.

Ich wage es aber nicht, von mir aus zu behaupten, dass ich in Sachen Steuern fundiertes Wissen habe. Das sind alles nur Denkanstöße, an die Fachleute, die sich nur mit Steuern beschäftigen, anzuknüpfen, um das richtige Maß für jede Steuerart finden können.

Das Bedingungslose Grundeinkommen wird nicht und darf nicht besteuert werden. Es ist ein rechtmäßiger Grundbetrag, der jedem zum Leben zusteht, von dem wie bei Löhnen und Gehältern nichts abgezogen werden darf außer die Finanztransaktionssteuer.

Löhne und Gehälter

Hier gilt, wie oben schon erwähnt, ein Steuertabu! Arbeit darf nicht besteuert werden. Man darf den Menschen, die ihre Arbeit verkaufen, nicht noch etwas von ihrem Erlös wegnehmen, der Verdienst soll voll und ganz den erwerbsarbeitenden Menschen gehören.

Außerdem werden Löhne und Gehälter einen anderen Stellenwert einnehmen, wie wir ihn bisher kennen. Sie werden dem Arbeitenden nicht mehr vorgeschrieben, sondern der Arbeitnehmer äußert seine Vorstellungen. Mit dem BGE im Rücken ist jeder Mensch darin gestärkt, schlecht bezahlte Arbeit abzulehnen. Das heißt im Klartext, dass der Arbeitgeber dafür sorgen muss, dass er einen entsprechenden Lohn zahlt, um auch Arbeitnehmer einstellen zu können. Wenn er nicht genug zahlen will, dann kann er seinen Dreck allein machen, Punkt!

Wenn also jemand eine Arbeit ablehnt, dann hat er immer noch das BGE, mit dem er sein Leben abgesichert bestreiten kann. Sicherer kann ein Mensch sich in solchen Situationen nicht fühlen. Und er hat alle Zeit der Welt, sich nach einem anderen Job umzusehen, wo die Bezahlung besser ist oder sich mit einer sinnvollen Tätigkeit umgibt.

Die Trümpfe haben also immer die Arbeitnehmer in der Hand. Die bestimmen den reellen Wert ihrer Arbeit selbst. So kann kein Mensch mehr ausgebeutet werden.

Die Krankenversicherung

Die Kategorien „Privat" und „Gesetzlich" wird es nicht mehr als solche geben und alle bisherigen

Krankenversicherungen werden zu einer einzigen staatlichen vereinigt.

Keiner muss jemals mehr Beiträge für die Krankenkasse bezahlen. Die Finanzierung kommt direkt aus den staatlichen Steuereinnahmen, die auch das Bedingungslose Grundeinkommen finanzieren.

Es ist auch damit zu rechnen, dass es durch ein besseres Leben der Menschen zu weniger Stress und demzufolge zu weniger Krankheiten kommt. Dies ist bereits durch zahlreiche Tests für das BGE weltweit erwiesen worden.

Außerdem wird durch die Entkonzernisierung im medizinischen Bereich, besonders aber in der Pharmabranche mehr auf die Naturmedizin gesetzt als auf Profit versprechende und aus Rohstoffen synthetisch hergestellte Medikamentengruppen, die oft kaum helfen und weiter krank machen.

Die Naturmedizin ist die weitaus bessere Option, da ihr Jahrtausende alte Erfahrungen zugrunde liegt, die sogar durch moderne Forschung noch mehr verfestigt werden kann. Viele Krankheiten werden jetzt schneller geheilt werden können und vor allem billiger. Folglich muss die neue Krankenkasse bei weitem nicht mehr so viel für die Gesundheit der Menschen ausgeben, wie es bisher der Fall war. Die Gier der Pharmakonzerne kennt keine Grenzen und keine Skrupel.

Als man nämlich vor gut 100 Jahren erkannte, dass man aus Rohstoffen auch Grundstoffe für Medikamente herstellen und damit sehr hohe

Profitraten erreichen kann, hat man die Naturmedizin verteufelt und alles darangesetzt, voll auf Profit synthetische Medikamente herzustellen. So entstanden die heutigen Pharmakonzerne und erlangten einen nie dagewesenen großen Einfluss auf alle anderen medizinischen Bereiche auf der ganzen Welt.

So wird es in der neuen Gesellschaft aber gelingen, auch schwere Krankheiten wie Krebs besser und vollends zu heilen und so die Menschen allgemein gesund zu erhalten und somit eine gesunde Gesellschaft zu schaffen, die einmal weniger den Arzt aufsuchen muss.

Die Rentenversicherung

Während die Rentenversicherung früher wie die Krankenversicherung Pflicht war, so ist sie doch jetzt seit dem BGE freiwillig. Sie wird nicht mehr als Absicherung des Lebens im Alter angesehen. Eher ist sie ein Zugewinn zum Bedingungslosen Grundeinkommen ab dem 65. Lebensjahr.

Jeder kann in Rente gehen, wann er es für richtig hält und wann es ihm passt. Es sollte aber doch ein Renteneintrittsalter geben, auf das sich die Rentenberechnungen beziehen können. Das sollte bei 65 Jahren liegen. Und es muss ein Mindestalter geben, um Rentner zu werden. Und das sollte bei 50 Jahren sein. Mit 50 kann also jeder selber entscheiden, ob er die Rentenzahlungen mit Abschlägen in Anspruch nehmen will oder nicht. Mit 65 Jahren bekommt jeder die Zahlungen zu 100 Prozent automatisch.

Was bei der Rente aber nicht sein wird, das sind die Besteuerung und die Beiträge für die Krankenkasse. Jeder bekommt seine volle Rente ab 65 ohne jegliche Abzüge.

Einzahlen in die Rente kann man privat, ohne einer Arbeit nachzugehen. Man kann aber auch bei seiner Arbeitsstelle angeben, ob Beiträge in die Rentenkasse einbezahlt werden sollen oder nicht. Das steht jedem frei, es selber zu entscheiden.

Alle Rentenzahlungen und die Einzahlungen in die Rentenkasse vor dem BGE bleiben so bestehen und behalten ihre volle Gültigkeit. Das ist ein faires System ohne Ecken und Kanten. Und wer nichts in die Rente einzahlt, der bekommt zwar nichts im Alter, hat aber wie alle anderen auch sein Bedingungsloses Grundeinkommen ohne Wenn und Aber bis zum Tod.

Öffentlicher Personen-Nahverkehr

Alle öffentlichen Verkehrsmittel werden kostenfrei. Das gilt für Busse, Straßenbahnen und die Bahn. Fernverbindungen mit Bussen und Bahnen bleiben aber weiterhin kostenpflichtig.

Auch hier müssen genügend Geldmittel zur Verfügung gestellt werden, um einen reibungslosen Ablauf zu gewährleisten. Es werden ohnehin nicht mehr viele Menschen in diesem Bereich tätig sein. Dazu bitte im Abschnitt „Die Digitali-sierung" lesen. Somit werden die Kosten dafür etwas überschaubarer.

Zugunsten des Öffentlichen Personen-Nahver-kehrs werden auch Städte autofrei gemacht, um dort das Leben zu beruhigen. Auto fahren wird sich so auf kurzen Strecken nicht mehr lohnen, da die Spritpreise enorm steigen werden. Neben dem ÖPNV sollte nur der Lieferverkehr zu be-stimmten Zeiten in autofreien Zonen erlaubt werden.

Damit wird ein wichtiger Beitrag geleistet, der zum allgemeinen Umwelt- und Klimaschutz bei-trägt. Zu viele Menschen fahren viel zu kurze Strecken und oft als einzelne Personen mit dem Auto. Die Umweltbelastungen werden in allen Städten zurückgehen, der Verbrauch von Sprit ebenfalls, also sinkt auch der Ausstoß von schäd-lichen Gasen.

Ein wunderschönes Beispiel, dass das funktio-niert und auch von den Bürgern gut aufgenom-men wird, ist die Stadt Pontevedra im Westen Spaniens, nahe des Atlantischen Ozeans. Hier ist das Stadtzentrum bereits autofreie Zone. Für das Leben der Menschen in dieser Stadt ist das eine Wohltat.

Die Digitalisierung

Eines der größten und wichtigsten Themen ohnehin ist das Thema der Digitalisierung in der Wirtschaft. Die Entwicklung schreitet unaufhaltsam voran und lässt uns keine Zeit zum Ausruhen. Damit meine ich weniger den Ausbau von Mobilfunknetzen, sondern die Ablösung menschlicher Arbeit durch Roboter, Künstliche Intelligenz (KI), automatisierte Maschinen und Software. Und wir sind schon mitten drin in diesem unaufhaltsamen Entwicklungsprozess. Ganze Berufsgruppen aus dem herkömmlichen Spektrum werden verschwinden und neue hochqualifizierte Berufe werden neu entstehen.

Bereits in den 90er-Jahren gab es die ersten Berufe, die durch die Einführung digitaler Techniken aufgehört haben zu existieren. Als die Computer Einzug hielten, war zum Beispiel für meinen Beruf das Ende besiegelt. Zu DDR-Zeiten hatte ich Schriftsetzer gelernt. Ich arbeitete damals bei einer größeren Tageszeitung in der Herstellung durch Bleisatz.

Als die Redaktionen dann ihre Texte über Computer schrieben und die Zeitung virtuell zusammenbauten und somit zum Druck fertig machten, war für meinen Beruf das Ende besiegelt. Selbst das Korrekturlesen, für das ich spezialisiert war, wurde überflüssig, da es schon zusätzliche Programme gab, die diese Aufgabe am Computer automatisch erledigten, wenn auch nicht in der hohen Qualität, die wir als Korrektoren leisten mussten, aber immerhin – Fehler wurden auch so gefunden, wenn auch nicht alle, schmunzel...

So ging die Entwicklung durch alle Druckereien und Verlage. Und das war etwa gegen Ende des vorigen Jahrhunderts im Osten Deutschlands. Im Westen war es schon etwas früher. Man kann sagen, dass in den letzten 25 bis 30 Jahren die Entwicklung der Digitalisierung immer rasanter vorangeschritten ist.

Und ein Blick in die Zukunft offenbart noch schnellere und weitere einschneidende Veränderungen. Das bedeutet, dass die Leistungsgesellschaft, wie sie seit der letzten industriellen Revolution vor gut 200 Jahren entstanden ist, an ihrem Ende angelangt ist und immer mehr Algorithmen unserer Hände Arbeit abnehmen, denn das geht schneller und ist sicherer, Maschinen machen keine Fehler.

Und das ist gut so! Ein alter Traum der Menschen ist seit Jahrtausenden, dass sich Arbeiten von selbst erledigen und man sich dafür anderen Dingen widmen kann. Und dieser Traum geht jetzt langsam und sicher in Erfüllung. Die Politik muss das nur in die richtigen Bahnen leiten und das Volk an diesen Prozess beteiligen. Nur nehmen sie das noch nicht so richtig wahr.

Es gibt Studien, die zu der Erkenntnis gekommen sind, dass bis etwa in die dreißiger-Jahre dieses Jahrhunderts über 50 Prozent aller Berufe wegfallen und alle in diesen Bereichen anfallenden Arbeiten durch Roboter und Maschinen übernommen werden.

Man muss sich das alles so vorstellen, wie die Entwicklung im privaten Haushalt in den letzten 100 Jahren war – also bei jedem einzelnen zu Haus. Zu Beginn des vorigen Jahrhunderts hatte noch nicht einmal jeder Haushalt Strom. Jetzt kann man sich ja vorstellen, wie man in dieser Zeit Hand anlegen musste, um einen solchen Haushalt zu bewirtschaften. Alles musste von Hand gemacht werden – waschen, kochen, Teppich klopfen usw. Heute hat man für so fast alles ein elektrisches Gerät vom Mixer über die Kaffeemaschine bis zum Staubsauger. Wir haben durch diese Entwicklung heute viel mehr Zeit, uns anderen Dingen zuzuwenden, die uns Spaß machen und Freude bereiten. So in etwa sollte man sich die Entwicklung im Rahmen der Digitalisierung der Wirtschaft vorstellen. Viel menschliche Handarbeit wird hier abgelöst durch Maschinen, die „mitdenken" können – künstlich denken, Schlüsse ziehen und für uns rund um die Uhr schuften.

Und na klar, es werden auch neue Jobs entstehen. Das werden Jobs sein, die alle im digitalen Sektor angesiedelt sind und eine hohe bis sehr hohe Qualifikation erfordern. Hier kann man aber nicht den ehemaligen Busfahrer zum 3D-Designer machen oder den ehemaligen Banker eine ganze Drohnenflotte anvertrauen. Das wird nicht funktionieren.

So genannte niedere Arbeiten, die jeder machen kann, egal welchen Bildungsgrat man hat, werden immer Maschinen ausführen. Darum wird es in Zukunft hauptsächlich Jobs in höherer Qualifikation für den Menschen geben.

Es wird aber garantiert weiterhin Jobs dort geben, wo Menschen mit Menschen zu tun haben, wo beraten, gepflegt, therapiert wird. Das Handwerk wird weiterhin bestehen bleiben und mit Sicherheit durch die bessere Kaufkraft des Grundeinkommens gestärkt werden. Denn es wird Bedürfnisse Geben, die nach handwerklichen Arbeiten verlangen und nicht nach perfekten Maschinenprodukten.

Es werden aber sicherlich keine massenhaften Jobs entstehen, so dass jeder beschäftigt werden kann. Das ist irrsinnig, aber manche denken so und erwarten, dass auch in Zukunft Tausende von Arbeitsplätzen neu geschaffen werden.

Einige Beispiele aus ein paar Bereichen

Lagerlogistik

Ich selber kenne es noch, dass einige Lagerarbeiter wie ein Bienenvolk eine Lagerhalle bevölkern und emsig durcheinanderlaufen, um die Teile zusammenzutragen, die sie auf einem Zettel zu stehen haben. Und anders herum ordnen sie viele Teile in die jeweils entsprechenden Regalfächer ein. Das war schon immer so bis heute.

In Zukunft ändern sich die Lager gewaltig. Es gibt jetzt schon Lager mit Spezialregalen mit Führungsschienen daran, wo ein Roboter entlanggleitet und selbständig und problemlos jedes der tausenden Regalfächer in einer großen Lagerhalle erreichen kann. Er kann alle Fächer befüllen und er kann Teile aus den Fächern entnehmen und es an einen Punkt bringen, wo die herausgesuchten Teile von einem weiteren Roboter übernommen werden, der es für die Ausgabe oder für den Versand fertig macht. Und das alles ohne einen einzigen menschlichen krummgemachten Finger.

Wo früher vielleicht zehn Menschen gearbeitet hatten, wird jetzt ein einziger Roboter die gesamte Arbeit dieser zehn Leute viel präziser und schneller erledigen. Und ein speziell hochgradig dazu ausgebildeter Mensch überwacht das alles – vielleicht sogar mehrere Lager auf einmal, denn da wird es nicht viel zu tun geben außer die Kontrolle, Wartung und vielleicht mal eine Reparatur.

Transportlogistik

Autonomes Fahren heißt hier das Zauberwort. Davon wird wohl jeder schon einmal etwas gehört haben, denn es gibt schon sehr viele Versuche auf diesem Gebiet. Die ersten Fahrzeuge ohne Fahrer fahren bereits über unsere Straßen – wenn auch erst einmal nur für Versuchszwecke. Aber sie sind schon da und fahren sicher von A nach B, ohne dass jemand beim Fahren eingreifen muss.

Es wird immer mehr autonome Fahrzeuge geben. Das bedeutet, dass der Beruf Kraftfahrer nahezu aussterben wird. Bis auf vermutlich ein paar vereinzelte Unternehmen werden sich alle dieser Methode anschließen. Und ich bin mir sicher, im Laufe der nächsten 50 Jahre werden es alle Fahrzeuge sein, die von allein auf unseren Straßen fahren werden, so auch Personenkraftwagen.

Das bedeutet enorm viele Jobverluste. Allein in Deutschland gibt es etwa annähernd 600.000 Berufskraftfahrer. Wenn in den nächsten zehn Jahren nur etwa die Hälfte aller Fahrzeuge autonom fahren werden, dann bedeutet das auch für die Hälfte dieser Kraftfahrer, also 300.000 Männer und Frauen, das Aus in ihrem Beruf.

Aber auch Taxifahrer, Bahn- und Busfahrer werden kaum noch Zukunft haben. Hier wird es ebenfalls solche Veränderungen geben. Schließlich sind die Autonomen Systeme verlässlicher, präziser und kosten keinen Lohn, auch wenn sie 24 Stunden am Tag und sieben Tage in der Woche im Einsatz sein werden. Ähnlich wird es auch im Flugverkehr werden. Schon heute können Flugzeuge mit dem Autopiloten fliegen. Dann werden sie mit dem Autopiloten auch starten und landen können.

Banken

Seit Jahren gibt es das Onlinebanking und man kann Geld aus Automaten ziehen. Das sind große Erleichterungen für jeden und schneller geht es auch. So muss man nicht mehr am Schalter anstehen, wenn man eine Überweisung tätigen will oder wenn man Geld abheben möchte. Selbst das Einzahlen aufs Konto geht jetzt per Automat – sicher, schnell und einfach und ohne anzustehen, wo man sonst als achter oder zehnter erst mal 20 Minuten warten musste.

Wenn ich in meine Bankfiliale gehe, in der ich mein Konto habe, dann sehe ich dort nur noch einen Service-Schalter statt vier wie früher. Auch laufen dort nicht mehr so viele Angestellte herum wie vorher. So entwickelt sich das in allen anderen Banken ebenfalls.

So haben sich in den Banken die Abläufe durch hochentwickelte Software so verbessert, dass viele Banker ihre Arbeit verloren und auch in der nahen Zukunft noch viele ihren Job verlieren werden. Mit der so genannten Blockchain-Technologie wird hier alles ohne menschlichen Eingriff möglich gemacht – wie von Geisterhand. Und bald wird es nicht einmal mehr Serviceschalter in den Bankfilialen geben.

Versicherungen

Bei den Versicherungen verhält sich das ähnlich so wie bei den Banken. Alles wird nur noch online gemacht. Der Versicherungsvertreter, den es früher einmal gab, hat schon längst ausgedient. Die Software der Versicherungen wird ebenfalls ständig weiterentwickelt und macht externe und auch interne Bearbeitungen aller Verträge überflüssig.

Es werden auch hier Tausende Menschen innerhalb weniger Jahre ihre Arbeit verlieren. In dieser Branche wird es ebenfalls die so genannte Blockchain-Technologie möglich machen, dass alles Vorgänge digital erfolgen können – alles schneller und sicherer als auf herkömmliche Art und Weise.

Allgemeine Produktionslinien

Egal wo man hinschaut, wo etwas produziert wird, halten Algorithmen Einzug, Maschinen in voller Automation, Roboter, Künstliche Intelligenz, Software.

Wo früher Hunderte Menschen in Vollzeit hart gearbeitet haben, dort werden in Zukunft nur noch eine Hand voll Roboter alles schnell und sicher und präzise in einer sehr hohen Qualität erledigen.

Bereits heute gibt es schon diese Werkhallen, die mit Fließbändern und Robotern ausgestattet sind und die alle Arbeiten verrichten, die vorher durch Menschenhände ausgeführt wurden. Nirgendwo ist dort auch nur eine einzige Menschenseele mehr zu finden.

Der Mensch hat hier nur noch eine Kontrollfunktion und das aber in einer sehr hohen Qualifikation, die man nicht durch eine Umschulung aus einem alten Beruf erreichen kann, sondern durch ein spezielles Studium und lebenslanges Dazulernen, weil auch hier regelmäßig Verbesserungen gemacht werden. In dieser Welt des 21. Jahrhunderts kann man nicht jemanden aus einer anderen Branche mal schnell auf eine Schulung schicken, um den Quereinstieg in einen dieser Jobs zu ermöglichen. Hier bedarf es ausschließlich hohes Bildungspotenzial in genau derselben Branche, in der man eingesetzt werden soll und in keiner anderen. Oft wird auch ein akademischer Bildungsabschluss dazu erforderlich sein.

Einige Berufe der Zukunft

Nach sehr vielen ausgestorbenen Berufen wird es auch noch einige herkömmliche Berufe geben. Das werden vor allem solche Berufe sein, die direkt mit Menschen zu tun haben, Berufe in der Medizin und in der Pflege, Lehrer, Erzieher, Berater usw., also Berufe für die unmittelbare Arbeit mit den Menschen.

Berufe, die neu im Spektrum der Erwerbsarbeit erscheinen, erfordern, wie oben schon erwähnt, einen sehr hohen und teils sogar einen akademischen Bildungsgrad.

Wie wäre es mit 3d-Designer oder Onlineshop-Manager, mit Drohnenflottenführer oder Robotertechnikentwickler? Und das ist bei weitem nicht alles, was neu sein wird. Es gibt viele neue Branchen, die ihre eigenen neuen Berufe hervorbringen, wovon wir heute noch nicht einmal träumen können. Wenn man hier seine Phantasie bewegt, dann kann man nur ansatzweise erkennen, was da auf uns zurollt und in welchen Prozess wir schon mitten drin sind. Weiteres habe ich bereits schon beschrieben. Und auch das ist nur ein Tropfen auf dem heißen Stein. Es wird Berufe geben, für die die ersten Berufsanwärter jetzt gerade erst zur Schule gekommen sind oder noch nicht einmal geboren wurden. Es wird also noch dauern, bis diese jetzigen Erstklässler und Ungeborenen die Reife für den neu entstehenden Beruf erlangt haben. Wir wissen heute noch nicht einmal, wie diese Berufe heißen und in welcher Branche sie zu Haus sein werden.

Wer aus einem alten Beruf kommt, den es dann oder schon jetzt nicht mehr gibt, der kann nicht in einen neuartigen Beruf überspringen, denn das erfordert ein vollkommen anderes kompaktes Wissen. So etwas ging früher mal. Früher konnte man oft mühelos umschulen, das ist jetzt bei den modernen Berufen so gut wie vorbei.

Aber dafür gibt es das Bedingungslose Grundeinkommen, das keinen im Regen stehen lässt und jedem die Zeit gibt, seine eigene Zukunft in Ruhe und mit der eigenen Kreativität anzugehen.

Wer aber unbedingt einen kleinen Job haben will, der muss nicht verzweifeln. Es wird sie geben bei kleineren Selbständigen wie auch bei Handwerkern oder Dienstleistern. Dort wird man für sich immer ein paar Euro dazuverdienen können. Man wird kellnern können, Markthandel betreiben können oder auch Haushaltsgeräte reparieren.

Es wird auch sie sicher noch geben, die Vollzeitjobs, die es früher mal fast ausreichend gab. Aber in der Zeit mit einem Grundeinkommen wird es besser sein, kleinere Jobs anzubieten. Denn in dieser grundlegend verbesserten Zeit ist den Menschen die Sicherheit für ein gutes Leben durch das Grundeinkommen gegeben.

Die Grundlage für ihr Leben müssen sie nicht erst Monat für Monat neu verdienen. Darum macht es eher Sinn, nur ein paar Stunden in der Woche für den Gelderwerb zu arbeiten. Aber das sollte jeder für sich und seine Situation selber entscheiden können, wie er sein Leben genießen möchte.

Was außerdem geändert werden muss

Erst einmal, dieser Raubkapitalismus muss ein für alle Mal ausgerottet werden. Und der zerfällt nicht einfach so. Da gibt es eine Menge zu tun und zu erstreiten. Das kann man auch nicht den Parteien anvertrauen, besonders nicht denen in der Regierung, denn die haben zum großen Teil einen untrennbaren Filz mit den Kapitalkräften gebildet. Das bekommt man nicht auseinander, die hängen überall mit gegenseitig drin.

Das geht nur mit frischen Politikern aus einem unverbrauchten Umfeld mit einem ausgeprägten Sinn für Gerechtigkeit, die nicht ausschließlich für das eigene Portemonnaie agieren und sich so nicht wieder ein Filz zwischen Kapital und Politik bilden kann.

Als erstes müssen diese neuen Politiker den Lobbyismus verbieten. Lobbyisten sind die Tentakel der Konzerne, die die Politik auf verschiedenste Art und Weise beeinflussen können, sogar in der Regierung indirekt mitbestimmen, bei Entscheidungen mitwirken und „beraten" oder sogar an neuen Gesetzen mitschreiben und ihre Wünsche mit einbringen können.

Dann müssen die Konzerne zerschlagen werden. Je größer ein Konzern ist, umso mehr kann der die Politik beeinflussen und umso mehr Macht kann er auf alles ausüben. Mehrere kleine Unternehmen können das eher weniger, sind so überschaubarer.

Konzerne und andere größere Unternehmen, die auf sozialem Gebiet angesiedelt sind und nur auf Rendite konzipiert sind, sind zu enteignen und in staatliches Eigentum zu überführen. Aus sozialen Bereichen dürfen keine Rendite gezogen werden. Das ist inhuman und schädigt andere Menschen.

Rendite im sozialen Bereich bedeuten, dass anderen Menschen etwas sinnlos weggenommen werden soll, was schließlich zu erheblicher Benachteiligung bis zur gesundheitlichen Schädigung dieser Menschen führen kann.

Wenn Gewinne erwirtschaftet werden, so muss das in den Sozialeinrichtungen bleiben und zum Wohle aller dort lebenden und arbeitenden Menschen wiedereingesetzt werden. Und das gilt für Wohnunternehmen ebenso wie für Krankenhäuser, Kliniken, Alters- und Pflegeheime.

Ein weiteres Problem ist die Steuerflucht von Reichen in die Steueroasen. Wer deswegen seinen Wohn- oder Firmensitz ins Ausland verlegt, der sollte trotzdem als Deutscher hier seine vollen Steuern bezahlen müssen.

Dann wären da noch die billigen Arbeitskräfte im Ausland wie zum Beispiel in Fern Ost, die meist unter unmenschlichen Bedingungen für deutsche Konzerne produzieren müssen. Regulierend könnte man hier einwirken durch Sonderzölle, um es den Konzernen unattraktiv zu machen, solche Ware nach Deutschland einzuführen.

Leider fehlt mir hier auch das entsprechende Wissen, um mich näher mit diesen Themen zu befassen, daher streife ich sie nur ein wenig.

Vergleichen wir mal heute mit morgen

Ich bin hier von Einzelsituationen ausgegangen, wie wir sie von vielen Familien und Einzelpersonen aus unserer jetzigen Zeit kennen. Diese Zustände lasse ich einfach mal in die Zeit mit einem Bedingungslosen Grundeinkommen hineinwachsen, damit man einen Vergleich hat zu vorher und nachher. Und ich habe nicht nur Personen in Notsituationen beschrieben, sondern auch solche, die das BGE eigentlich gar nicht nötig hätten, aber die es doch bekommen, weil eben jeder aus rein organisatorischen Gründen das Grundeinkommen bekommen soll – ausnahmslos und einfach um die immense Bürokratie, weil es sonst nicht bedingungslos wäre, unbedingt zu verhindern.

Die Personen hier in diesem Buch sind natürlich frei erfunden, aber die Situationen, in der diese Personen zuerst stecken, sind vielen Menschen nur allzu gut bekannt. Es gibt viele solcher Schicksale nicht nur in Deutschland, sondern in der ganzen weiten Welt. Doch ich beschränke mich hier in diesem Buch nur auf Schicksale aus unserem Staat.

Da ich selber mit einigen solcher Einzelsituationen Erfahrungen habe, ist es für mich nicht schwer, so etwas darzustellen und eine Entwicklung dieser Einzelfälle auf das neue System mit dem BGE in Gedanken zu simulieren.

Das muss nicht immer so 100prozentig funktionieren, wenn es mal soweit ist mit dem BGE, aber es ist ein Anstoß, darüber nachzudenken. Hier kann ich nur so reagieren, wie ich gehandelt hätte, wäre ich der- oder diejenige, um den oder die es in den nachfolgenden virtuellen Fällen geht.

Eventuelle Ähnlichkeiten mit reell existierenden Personen sind natürlich reiner Zufall und von mir keine Absicht. Aber ich denke mal, dass sich sehr viele Menschen in unserer jetzigen Zeit mit einigen von meinen Figuren identifizieren werden und so ihre individuellen Schicksale nachvollziehen können.

Unter den einzelnen Fallbeschreibungen habe ich immer eine Tabelle angehängt mit verschiedenen Finanzdaten. Das soll nur einen ungefähren Überblick verschaffen, wie es sein könnte, wenn…

Aber interessant ist das allemal. So kann man daraus gut und klar erkennen, dass die, die viel haben, auch viel mehr Steuern bezahlen müssen als die, die nicht so viel haben. Ich habe mich dabei in etwa nach dem jetzigen System in der ersten Spalte (vor BGE) und nach dem oben beschriebenen System in der zweiten Spalte (mit BGE) gerichtet. Eventuelle kleine Rechenfehler bitte ich zu entschuldigen. Es sind eben keine exakten Berechnungen, sondern nur Anschauungsdaten.

Nicht alle möglichen Daten habe ich, besonders bei geschäftlichen Finanzdaten, zerpflückt, damit alles übersichtlich bleibt und keine Missverständnisse auftauchen. Die Finanztransaktionssteuer (FTS) ist aber überall mit 0,5 Prozent dabei. Und da kann man auch schon einiges erkennen. Diese Steuer wird immer erhoben, wenn Geld auf einem Konto empfangen wird.

Familie Schulze hat fünf Kinder

Erwin und Sabine Schulze sind seit 12 Jahren glücklich verheiratet und sie haben fünf gemeinsame Kinder (11, 9, 6, 4 und 2). Und sie sind ihr ganzer Stolz.

Erwin ist gelernter Maurer und Sabine ist leidenschaftliche Kindergartenerzieherin.

Vor drei Jahren hat Erwin seinen Job verloren, weil die Baufirma, in der er arbeitete, pleite gegangen ist. Er bekommt seit zwei Jahren schon Hartz 4 und wird von einer Maßnahme in die andere gehetzt. Er schrieb bereits Hunderte von Bewerbungen, um wieder Arbeit zu finden, doch alles ohne Erfolg. Erwin scheint immer wieder Pech zu haben, denn seine ehemaligen Arbeitskollegen haben schon längst wieder einen Job beim Bau gefunden, wenn auch nur über Zeitarbeitsfirmen.

Sabine hatte schon vor langer Zeit ihren Job in einer Kindereinrichtung verloren, weil dort Personal abgebaut werden musste. Danach bekam sie ihr erstes Kind. In Abständen von jeweils zwei bis drei Jahren folgten die anderen vier Kinder.

Dadurch, dass sie ohnehin seit langer Zeit schon in der Elternzeit ist, wurde sie vom Jobcenter in Ruhe gelassen und mit unnötigen Maßnahmen und anderen Schikanen weitestgehend verschont.

Die ganze Familie hat einen monatlichen Bedarf von 2.850 Euro und bekommt somit vom Jobcenter Leistungen von insgesamt 1.812 Euro und aus der Familienkasse Kindergeld von 1.038 Euro. Das Kindergeld wurde aus den Hartz-4-Sätzen herausgerechnet.

Das bedeutet, wenn man die Miete von 790 Euro abrechnet, dass Familie Schulze insgesamt 2.060 Euro zur Verfügung stehen. Das sieht zwar im ersten Moment viel aus, doch mit fünf Kindern verbraucht man mehr im Monat, als man denken kann. Und mit den Kindern mal in den Urlaub zu fahren, eine größere Veranstaltung oder den hiesigen Fußballverein bei seinen nächsten Spielen zu besuchen, das ist leider nicht drin, das bleibt ein Traum, so lange die gesamte Familie vom Jobcenter abhängig ist.

Endlich hat sich die Politik geändert und ein neues System wurde im Staate installiert mit einem Bedingungslosen Grundeinkommen von 1.500 Euro für jeden Bürger. So kommen die Schulzes von jetzt an auf stolze 7.500 Euro – 2x 1.500 Euro, 3x 1.000 Euro und 2x 750 Euro und das jeden Monat.

Außer der Finanztransaktionssteuer für das BGE in Höhe von 37,50 € monatlich hat die Familie keine weiteren Steuern zu zahlen. Das ist nur allzu gerecht.

Damit hat Familie Schulze eine gute Grundlage, um besser und ruhiger ihr zukünftiges Leben zu führe. Erwin und Sabine sowie die beiden ältesten Söhne sind Fans vom hiesigen Fußballklub. Sie haben sich gleich je eine Jahreskarte gegönnt und sofort bezahlen können, was sie vorher nie konnten. Da kommt jetzt endlich Freude auf im hiesigen Fußballstadion.

Jetzt können sie sogar öfter als sonst die Mutter von Sabine mit dem Zug besuchen, die 600 km entfernt wohnt und die ihre jüngste Enkelin von zwei Jahren noch nie in den Arm schließen konnte, weil auch ihr der Weg zu den Kindern zu teuer war. Doch auch sie hat jetzt ein Bedingungsloses Grundeinkommen und wird mit Sicherheit auch mal zu Besuch zu ihren Enkeln kommen, wenn der hiesige Fußballklub wieder spielt und ein Babysitter gebraucht wird für die beiden Kleinen.

Erwin denkt jetzt auch darüber nach, endlich ein Auto für die Familie auf Kredit zu kaufen. So sind die Schulzes viel beweglicher. Mit dem Grundeinkommen ist er ja nun kreditwürdig geworden. Es wäre auch kein Problem für die Familie, die Raten dafür zu bezahlen. Mit dem Auto wären alle sieben viel schneller bei der Oma und die Familie könnte unabhängig von der Bahn viele Ausflüge unternehmen und so für ein glückliches Leben für alle sorgen.

Auch sonst ist Familie Schulze viel mehr mit Freunden zusammen und man hat sich einen Garten zugelegt, eine Oase der Glückseligkeit, in dem es sehr viel zu tun gibt. Auch das wurde ein erfüllter Traum der ganzen Familie Schulze.

Und Sabine denkt jetzt sogar darüber nach, noch ein Kind zu bekommen. Es wird ja für alle gesorgt und die Kinder können in einer noch nie dagewesenen Freiheit aufwachsen. Das macht alle glücklich.

	vor BGE	mit BGE
Sozialleistungen	2.850,00 €	0,00 €
BGE	0,00 €	7.500,00 €
FTS 0,5	0,00 €	-37,50 €
monatliche Einnahmen:	2.850,00 €	7.462,50 €

Bärbel Meyer ist alleinstehend und hat drei Kinder

Die alleinerziehende Mutter lebt seit einem Jahr mit ihren drei Kindern allein. Alle drei Kinder gehen noch in die Grundschule. Ihr Lebenspartner, von dem alle drei Kinder stammen, hat sie verlassen und ist nicht mehr aufzufinden, er ist nach wiederholtem heftigem Streit mit Bärbel und Trennung von ihr spurlos verschwunden. Bärbel hat sich jetzt damit abgefunden, dass er wohl nicht mehr zurückkehren wird.

Sie bekommt vom Jobcenter, vom Jugendamt und von der Familienkasse Geld zum Leben und für die Miete. Das sind zusammen 1.902 Euro jeden Monat. Davon zahlt Bärbel Meyer 590 Euro Miete. Somit bleiben ihr und den Kindern zusammen nur noch 1.312 Euro fürs Leben.

Große Sprünge kann sie damit natürlich auch nicht machen. Das Geld ist jeden Monat schon frühzeitig restlos aufgebraucht. Sparen ist nicht drin und mal mit den Kindern irgendwo hin fahren zum Erholen ist außer mit dem Bus an den Stadtrand ins Grüne überhaupt nicht möglich.

Gern möchte sie mit ihren Kindern auch mal einen längeren Urlaub machen, ins Gebirge fahren oder an die See. Sie möchte auch, dass ihre Kinder das Land nicht nur in der Schule aus dem Schulbuch kennenlernen, sondern direkt erkunden können.

Doch mit einem Bedingungslosen Grundeinkommen kann die kleine Alleinerzieher-Familie endlich wiederaufleben.

Nach Zahlung der Miete bleibt noch genug, nämlich 3.910 Euro, zum Leben übrig. Das sind fast 2.000 Euro mehr, als sie bisher Hartz 4 bekommen hatte.

Die Finanztransaktionssteuer von gerade mal 22,50 € fällt überhaupt nicht ins Gewicht, ist kaum zu merken.

Jetzt fährt Bärbel Meyer viel öfter mal raus in andere Gegenden, um mit den Kindern Spaß zu haben. Auch aufs Land fährt sie, um ihre Eltern zu besuchen. Sie brauch jetzt nicht mehr jeden Euro dreimal umzudrehen, bevor sie ihn ausgibt. Das Geld ist jetzt da mit dem BGE, um sich und ihren drei Kindern alle kleinen Wünsche zu erfüllen. Die kleine Familie kann wieder glücklich und zufrieden leben.

Außerdem hat Bärbel für sich und die Kinder ein Auto gekauft. Den Kredit dazu hat sie anstandslos von ihrer Bank bekommen. Somit zahlt sie monatliche Raten von 335 Euro an die Bank zurück. Und das bekommt sie dank dem BGE mit Leichtigkeit hin.

	vor BGE	mit BGE
Sozialleistungen	1.902,00 €	0,00 €
BGE	0,00 €	4.500,00 €
FTS 0,5	0,00 €	-22,50 €
monatliche Einnahmen:	1.902,00 €	4.477,50 €

Familie Schmidt hat ein Kind

Klaus und Renate Schmidt haben eigentlich schon ihr Auskommen und leben im eigenen Haus. Klaus hat bei einer Bank eine leitende Stelle und bringt ein gutes Gehalt von 6.580 Euro netto nach Haus. Nebenher hat Klaus auch noch ein paar Aktienpakete, die ihm so im Schnitt monatlich etwa 1.000 Euro Rendite bescheren.

Renate hat zwar mal einen Beruf gelernt. Sie ist aber schon lange Hausfrau und kümmert sich in dem großen Haus um alles, was ihr sogar Spaß macht. Regelmäßig geht sie auch zu ihren

Handarbeitsfreundinnen der Abwechslung wegen und um einfach mal mit anderen ins Gespräch zu kommen. Sohn Felix ist schon über 10 Jahre und braucht daher nicht mehr ständige Aufsicht. Der trifft sich auch oft mit seinen Freunden, um irgendwo herumzuhängen.

Vor dem Haus steht ein nagelneuer Mercedes S-Klasse, mit dem die Familie schon am letzten Wochenende unterwegs war. Da genug zum Leben vorhanden ist, braucht sich die Familie keine Sorgen zu machen, obwohl Renate nur Hausfrau ist.

Trotzdem bekommen auch sie alle jetzt jeden Monat ein Bedingungsloses Grundeinkommen auf ihr Konto gezahlt.

Den Mercedes hat Klaus erst vor ein paar Wochen gekauft. Klaus hat dafür 150.000 Euro aus dem Erspartem der Familie bezahlt. 50.000 Euro sind davon Luxussteuer, die an den Staat fließen. Auf jeden einzelnen Monat eines Jahres umgelegt würde das bedeuten, dass Klaus über die Luxussteuer 4.166 Euro bezahlt hat. Und zieht man diese Luxussteuer von den monatlichen Nettoeinkünften ab, so blieben der Familie noch knapp 4.000 Euro zum Leben. Aber es war Erspartes, was Klaus dafür ausgegeben hatte.

Das ist ein gutes Beispiel dafür, wie gerecht das neue System ist. Wer mehr hat, der muss eben mehr abgeben. Gerechter geht es nicht.

	vor BGE	mit BGE
Gehalt Klaus netto	6.580,00 €	6.580,00 €
Rendite Aktien	1.000,00 €	1.000,00 €
Lohnsteuer etwa	-1.650,00 €	0,00 €
BGE	0,00 €	4.000,00 €
FTS 0,5	0,00 €	-57,90 €
Est. Zwölftel	-1.241,00 €	-3.475,00 €
monatl. Einkommen:	4.689,00 €	8.047,10 €

Susi und Bernd Müller und die Vergangenheit

Bernd und Susi Müller leben allein und ohne Kinder in einer sehr kleinen und engen Wohnung. Sie sind verheiratet, haben aber noch Angst, in dieser Situation, in der sie jetzt stecken, Kinder in die Welt zu setzen.

Beide sind Anfang 20 und Hartz-4-Empfänger, sind beide noch nie einer Erwerbsarbeit nachgegangen. Beide verbindet sie ein gleiches Schicksal. Sie sind in zerrütteten Familien aufgewachsen, die schon viele Jahre am Rande der Gesellschaft wie Ausgestoßene dahinvegetierten. Der Alkohol regierte den Alltag vom Morgen bis zum Abend. Es gab ständig Probleme mit der Polizei und mit den Behörden. Gewaltexzesse der Eltern kennen sie zur Genüge und mit allen möglichen Drogen haben sie auch schon Erfahrungen gemacht.

Und so kam es, dass sie von ihren Eltern total vernachlässigt wurden. Sie schafften mit Ach und Krach die Schule, fanden keine Lehrstelle und müssen so nun mit ihrem bisschen Hartz 4 über die Runden kommen und sich ständig auf irgendwelchen vom Jobcenter verordneten Maßnahmen herumdrücken.

Nebenbei verdienen sie sich etwa 80 Euro beim Zeitungen austragen. Es ist zwar ein Tropfen auf dem heißen Stein, aber immerhin Geld, das ein wenig weiterhelfen kann. Susi hat sich damals, als sie mit dem Austragen begonnen hatte, für ihre ersten 80 Euro eine einfache Fotokamera gekauft. Sie fotografiert gern und würde sehr gern einen Fotokurs besuchen. Auch Bernd hat sie schon mit diesem Gedanken angesteckt. Aber das kostet ihnen viel zu viel Geld, das können sie sich nicht leisten. Und das Jobcenter hilft nicht in diese Richtung, lässt sie hier vollkommen im Stich. Ihre Beraterin beim Amt hegt wahrscheinlich Vorurteile, weil sie Susis Eltern kennt. Darum bewegt sich von daher gar nichts. Die beiden sind für sie der letzte Dreck.

Beide haben zusammen als Bedarfsgemeinschaft 1.244 Euro Hartz 4. Davon zahlen sie 480 Euro Miete. Es bleiben ihnen noch 764 Euro zum Leben und die 80 Euro Zeitungsgeld, also 844 Euro jeden Monat.

Nach der Einführung des Bedingungslosen Grundeinkommens haben sie jetzt endlich viel mehr Geld, insgesamt 3.000 Euro. Das Geld fürs Austragen der Zeitungen wurde sogar verdoppelt, weil es so viele nicht mehr machen wollten. Das machen beide weiter und haben damit 3.160 Euro jeden Monat.

Nun können sich Bernd und Susi endlich zu ihren Kurs anmelden und alles über die Fotografie erfahren, lernen, mit der neuen Kamera, die sie sich jetzt kaufen konnten, umzugehen. Sie haben damit beide den Sinn ihres Lebens gefunden. Sie haben auch eine Internetplattform gefunden, auf der sie ihre Bilder zum Kauf anbieten können. Und vielleicht kommt hier auch noch der eine oder andere Euro rüber. Welch ein Glück ist das für die beiden.

	vor BGE	mit BGE
Hartz 4	1.244,00 €	0,00 €
Zeitungsgeld	80,00 €	160,00 €
BGE	0,00 €	3.000,00 €
FTS 0,5	0,00 €	-15,80 €
monatliches Einkommen:	1.324,00 €	3.144,20 €

Oliver Mohr und die Börse

Er ist als Einzelkind wohlhabender Eltern geboren und aufgewachsen. Früh weihte ihn sein Vater in den Alltag der Börse ein. Und so wurde auch Oliver Mohr wie sein Vater ein erfolgreicher Börsenmakler. Er nennt ein großes und geräumiges Haus mit allem möglichen Drum und Dran sein Eigentum. In der Garage steht seit Kurzem ein nagelneuer Ferrari und vor dem Haus zum täglichen Gebrauch sein alter Porsche. Er sammelt Kunstwerke und Antiquitäten und alles ist mit einer extra dafür konzipierten Alarmanlage gesichert. Man kann ja nie wissen, wenn man so lebt.

Ans Heiraten denkt Oliver überhaupt nicht. Er will allein sein und reich und alles in vollen Zügen genießen. Darum lebt er etwas abgekapselt vom Rest der Gesellschaft. Nur manchmal gibt er kleine Partys in einem dafür geeigneten Teil des Hauses. Dort hat er dann genug Frauen für eine Nacht. Und das ist ihm dann genug, statt sich zu binden und von seinem Reichtum abgeben zu müssen.

Seit längerer Zeit arbeitet er zu Haus vom Computer aus. Er spekuliert mit Fonts, Aktien und Währungen. So bewegt er jährlich um die 12 Milliarden Euro hin und her. Und jährlich springen da für ihn mehrere Millionen Euro als Gewinn ab. Im letzten Jahr waren es etwa 17 Millionen Euro, was er daraus an Einnahmen hatte. Davon hatte er sich den Ferrari und noch eine Yacht an der See gekauft. Der Ferrari kostete ihn 225.000 Euro und die Yacht 1,5 Millionen Euro.

Für die 12 Milliarden Euro, die er auf der Börse über das ganze Jahr verschoben hatte, fallen jetzt 5.000.000 Euro Finanztransaktionssteuer an – auf 12 Monate umgerechnet. Für seine 17 Millionen Euro Einnahmen muss er 14.172.700 Euro Einkommensteuer zahlen. Dann hat er noch beim Kauf von Auto und Boot insgesamt 575.000 Euro an Luxussteuer bezahlt. Das sind zusammen über 64 Millionen Euro Steuern, die Oliver dem Staat in einem Jahr gezahlt hat. Und es gibt noch mehr Olivers und Firmen mit ähnlichen Einkommen und noch mehr Umsätzen.

Auch er bekommt das jetzt ein Bedingungsloses Grundeinkommen von Jährlich 18.000 Euro. Fällt

also kaum ins Gewicht bei den anderen Geld-
mengen. Er bezahlt schon genug Steuern, damit
der Staat allen Menschen ein BGE auszahlen
kann. Alles andere würde wieder einen bürokratischen Aufwand bedeuten. Das ist also schon
okay so. Auch er ist dabei. Reich bleibt er trotzdem und das ist gut so.

	vor BGE	mit BGE
Börsenumsatz	12.000.000.000,00 €	12.000.000.000,00 €
FTS 0,5	0,00 €	-60.000.000,00 €
BGE	0,00 €	1.500,00 €
Börsen-Gewinn Monat	1.417.000,00 €	1.417.000,00 €
Est. anteilig Monat	-55.000,00 €	-1.181.058,33 €
Luxussteuer Monat	0,00 €	-47.916,67 €
FTS 0,5	0,00 €	-7.092,50 €
monatl. Einnahmen:	1.362.000,00 €	18.243,50 €

Vera Schneider
und ihr kleiner Laden

Vera Schneider hat einen kleinen Laden mit
Kurzwaren. Sie ist alleinstehend und hat keine
Kinder. Der Laden geht schon seit längerer Zeit
schlecht. Einige Stammkundinnen, die regelmäßig bei ihr kaufen, bringen noch ein wenig Umsatz, wovon sie aber nicht mehr leben kann. Der
Gang zum Jobcenter war für sie wie ein Spießru-
tenlauf.

Und mit dem Bezug der Aufstockungs-Leistun-
gen von Hartz 4 begannen die Martyrien für die
Frau. Vera ist schon über 60 und das Jobcenter

verlangt von ihr, dass sie eine Maßnahme zur Vermittlung auf dem ersten Arbeitsmarkt mitmacht, was sie nicht einsieht, weil sie nur noch wenige Jahre hat bis zur Rente. Außerdem müsste sie ihren kleinen geliebten Laden vernachlässigen und ihre Stammkundinnen würden dann auch nicht mehr kommen und bei ihr kaufen.

Daraufhin hat man Frau Schneider die Leistungen gekürzt, hat sie einfach sanktioniert. Sie ist nun am Boden zerstört und versteht nicht, dass man in diesem Land zu so etwas fähig ist. Sie hatte doch nie ein ruhiges Leben gehabt, hat früher einen guten Job als Textilverkäuferin gehabt, hat danach nie die Hände in den Schoß gelegt und schließlich diesen kleinen Laden liebevoll aufgebaut. Und nun das, kaltblütig und herzlos ein tritt ins Hinterteil, als wäre sie der letzte Dreck.

Frau Schneider hat einen durchschnittlichen Umsatz von etwa 1.000 Euro, wovon ihr gerade mal 300 Euro nach allen Ausgaben für das Geschäft zum Leben bleiben. Da der Laden und die Wohnung in dem alten Haus zusammen liegen, muss sie nur einmal Miete zahlen. Sollte sie den Laden schließen müssen, dann würde das Jobcenter darauf drängen, dass sie sich eine neue Wohnung suchen muss.

Doch mit dem Bedingungslosen Grundeinkommen hat sie erst einmal ihr privates Leben voll und ganz abgesichert. Nun kann ihr egal sein, ob sie 1.000 Euro Umsatz macht oder nur 500 Euro oder viel mehr als die 1.000 Euro. Sie ist auf der sicheren Seite. Der Laden macht ihr Freude und weil andere auch das BGE bekommen und mehr Geld haben, kommen jetzt mehr Kundinnen zu ihr und kaufen viel mehr als vorher. Das kleine Kurzwarengeschäft läuft dank BGE.

Vera hat sogar einen kleinen Interessenkreis Textilien ins Leben gerufen und trifft sich mit einigen Kundinnen und Freundinnen regelmäßig, um Erfahrungen auszutauschen und eigene Handarbeiten gegenseitig vorzustellen. Das will Vera so bis ins hohe Alter weiter machen. Sie ist damit glücklich und voller Lebensfreude.

	vor BGE	mit BGE
Gewinn Laden	250,00 €	1.325,00 €
Aufstocken Hartz 4	425,00 €	0,00 €
BGE	0,00 €	1.500,00 €
FTS 0,5	0,00 €	-14,13 €
monatliches Einkommen:	675,00 €	2.810,87 €

Der Alkoholiker

Er ist schon lange Trinker, Alfred Bierwirt stammt aus zerrütteten Verhältnissen, hat schon früh in seinem Leben als Jugendlicher mit dem Trinken begonnen und konnte es nie mehr lassen. Alfred hatte schon verschiedene Jobs als Hilfsarbeiter, die er immer wieder durch seine Trinkerei vermasselt hat. Mehrere Entzugsversuche änderten auch nichts daran. Der Alkohol floss immer wieder in Strömen.

Mit ein paar ebenso trinkfreudigen Kumpels hängt er den ganzen Tag am Kiosk oder am Supermarkt in der Nähe seiner Wohnung herum. Das macht er jeden Tag, bis das Geld alle ist. Das ist immer zwischen dem 20. und 25. eines jeden Monats. Dann muss er warten, bis er wieder Geld hat, und alles geht von vorn los.

Er bekommt den vollen Hartz-4-Satz. Ihn in Maßnahmen zu stecken hat man bei ihm schon längst aufgegeben. Trotzdem hat Alfred Träume. Mit Holz würde er gern arbeiten, schnitzen, kleine Figuren oder Gebrauchsgegenstände herstellen und dann verschenken oder vielleicht verkaufen. Ihm fehlt aber das richtige Werkzeug dazu. Und das ist ihm zu teuer. Nein, sein tägliches Quantum Bier lässt keine zusätzlichen Käufe zu. Dann müsste er ja noch länger am Monatsende auf das nächste Geld warten. Das geht beim besten Willen nicht.

Mit dem Bedingungslosen Grundeinkommen hat er jetzt 1.500 Euro jeden Monat zur Verfügung. Von seinem ersten BGE hat er sich für etwa 400 Euro ein Werkzeugsortiment zugelegt, womit er jetzt Holzteile, die er sich im nahen Wald zusammensucht, zu Haus bearbeitet und wunderbare Dinge daraus herstellt. Und das alles mit großem Spaß. Er hat seinem Leben wieder einen Sinn gegeben, arbeitet mit seinem Schnitztalent jetzt das, was ihm am meisten Spaß macht, anstatt auf Maßnahmen vom Amt gelangweilt herumzusitzen. Und er hat schon die ersten Arbeiten auf einem Flohmarkt verkauft. Sogar das Biertrinken muss jetzt manchmal warten, weil er gerade an einem Stück Holz arbeitet und er es nicht

88

erwarten kann, bis es endlich fertig ist. Der Sinn des Lebens hat ihn wieder eingeholt. So gut ging es ihm noch nie.

	vor BGE	mit BGE
Hartz 4	625,00 €	0,00 €
BGE	0,00 €	1.500,00 €
Einnahmen Holz	0,00 €	250,00 €
FTS 0,5	0,00 €	-7,50 €
monatliches Einkommen:	625,00 €	1.742,50 €

Rosa Wohlfahrt ist am Rollstuhl gefesselt

Sie sitzt seit ihrer Kindheit im Rollstuhl. Damals hatte sie mit ihren Eltern zusammen einen schlimmen Verkehrsunfall, den sie schwer verletzt überlebte und ihre Eltern starben. Trotzdem hat Rosa Wohlfahrt Schreibkraft gelernt, ist aber schon seit langem arbeitslos und bezieht Hartz-4-Leistungen in Höhe von 820 Euro. Nach Zahlung ihrer Miete bleiben 572 Euro zum Leben mit ihrer Behinderung.

Rosa ist voller Lebensfreude, kann aber mit dem bisschen Geld keine großen Sprünge machen. Wie gern hätte sie ein für sie optimiertes kleines Auto, mit dem sie ohne Handicaps reisen und sich das Land und die Natur ansehen kann. Und sie würde gern darüber etwas schreiben und die Texte mit eigenen Fotografien versehen.

Jetzt endlich erhält sie 1.500 Euro BGE und mit ihrer Behinderung wurde sie in die Klasse 2 der

Zusatzleistungen eingestuft. Das bedeutet, dass sie noch einmal 500 Euro Zuschlag bekommt. Mit 2.000 Euro kann sie sogar einen Kredit aufnehmen und in aller Ruhe abzahlen. Dadurch ist sie jetzt beweglich und kann überall hinfahren, wohin sie möchte.

Im Internet hat sie eine Plattform gefunden, in dem sie über ihre Erlebnisse als Behinderte berichten kann und gibt Bewertungen für Restaurants und Touristenattraktionen. Das bringt ihr auch noch ein paar Euro nebenbei.

Und ein erster Bildband über ihre Reisen wurde auch gedruckt und der verkauft sich sogar gut. Im Schnitt nimmt sie dafür monatlich etwa 300 Euro ein.

Das Leben ist herrlich, sie hat somit ihre sinnvolle Tätigkeit gefunden. Rosa ist glücklich damit.

	vor BGE	mit BGE
Hartz 4	820,00 €	0,00 €
BGE	0,00 €	2.000,00 €
Bucheinnahmen	0,00 €	300,00 €
FTS 0,5	0,00 €	-11,50 €
monatliches Einkommen:	820,00 €	2.288,50 €

Walter und Lena Richter sind seit kurzer Zeit Rentner

Die beiden sind gerade erst Rentner geworden, Walter und Lena Richter. Beide haben seit ihrer

Jugend mit Unterbrechungen gearbeitet. Es wurde aber durch das Amt immer in die Rentenkasse eingezahlt – über 40 Jahre. Lena war Friseuse und hatte wenig Verdienst und Walter war Schriftsetzer in einer Druckerei, aber seitdem der Computer vollends in allen Druckereien und Redaktionen Einzug gehalten hat, war es mit seinem geliebten Beruf vorbei. Seither hatte er nur noch Gelegenheitsarbeiten mit geringer Bezahlung annehmen können oder hat sonst Hartz 4 bekommen. Das bescherte den beiden eine mickrige Rente von zusammen noch nicht einmal 1.000 Euro.

Manchmal haben die beiden Flaschen gesammelt, um etwas besser über die Runden zu kommen oder für etwas Nötiges zu sparen. Und manchmal, als Walter krank war, hatte Lena keine Zeit zum Flaschen sammeln. Dann musste der Gürtel ganz schön eng geschnallt werden, so dass Walters Gesundung länger andauerte.

Jetzt haben sie beide 3.000 Euro Grundeinkommen und die Rente von knapp 1.000 Euro noch dazu. Mit jetzt fast 4.000 Euro haben sie endlich die Möglichkeit, am öffentlichen Leben teilzunehmen. Sie gehen öfter ins Theater, besuchen Veranstaltungen, verreisen gern mit der Bahn. So hat das Leben endlich einen Sinn bekommen für die beiden Rentner.

Walter ist jetzt nicht mehr so oft krank, denn er ist glücklich, mit seiner geliebten Frau Lena noch so viele schöne Dinge erleben zu können.

Sie führen endlich ein würdiges Leben und können ihren hoffentlich noch langen Lebensabend in vollen Zügen genießen – wohl verdient dank BGE.

	vor BGE	mit BGE
Rente	984,00 €	984,00 €
BGE	0,00 €	3.000,00 €
FTS 0,5	0,00 €	-19,92 €
monatl. Einkommen:	984,00 €	3.964,08 €

Der eiserne Unternehmer

Frieder Dahlberg ist in der vierten Generation Besitzer einer Firma und durch und durch Kapitalist, gierig, geizig und rücksichtslos. In seiner Firma arbeiten 120 Angestellte. Alles ist straff durchorganisiert durch den eisernen Unternehmer. Nie ist er so richtig zufrieden mit der Arbeit seiner Angestellten. Damit schürt er Angst unter seiner Belegschaft und das ist für ihn nur gut so. Und er selber ist höchst unbeliebt bei allen dort Arbeitenden. Er verflucht den Mindestlohn, weil es angeblich noch zu viel ist. Überstunden werden grundsätzlich nicht oder nur sehr dürftig von ihm bezahlt. Keiner traut sich aber auch nur ein Wort dagegen zu sagen. Alles kuscht aus Angst um Lohneinbußen oder gar, um den Job nicht zu verlieren.

Und wenn er mal wieder Personal braucht, dann eben nur über das Jobcenter Langzeitarbeitslose, um großzügige Förderungen für diese Leute in

Anspruch zu nehmen. Das Jobcenter übernimmt für ein oder manchmal gar zwei Jahre dann den Lohn dieser Leute. Am liebsten hätte Frieder, das Jobcenter würde alle und für immer diese faulen Taugenichtse bezahlen. Dann könnte er das so eingesparte Geld in ein Steuerparadies transferieren, um möglichst viel Steuern zu sparen. Er ist eben mit allen fiesen Wassern gewaschen und scheißt auf Gerechtigkeit. Der Laden muss laufen!

Doch seit Einführung des BGE ist das endlich vorbei. Fast die gesamte Belegschaft hat ihre Kündigungen eingereicht. Manche sind erst gar nicht mehr auf Arbeit erschienen. Und die Produktion stand für ein paar Tage fast still.

Frieder Dahlberg war außer sich vor Tobsuchtsanfällen und er war jetzt sogar gezwungen, mit seinen Arbeitnehmern zu verhandeln – mit jedem einzelnen Angestellten. Welch eine Verschwendung kostbarer Zeit. Und die haben alle einen angemessenen Lohn und bessere Arbeitsbedingungen gefordert. Da blieb Frieder nichts weiter übrig, als dem klein bei zu geben, musste den Lohn von unter 10 Euro auf über 20 Euro in der Stunde anheben. Förderungen gibt es jetzt auch nicht mehr, da alle Jobcenter aufgelöst wurden.

Nur so hat er die meisten Leute halten können, sonst hätte der Unternehmer mit der eisernen Faust irgendwann für seine Firma Insolvenz anmelden müssen.

Aber auch nach solchen Einschnitten für die gerechte Behandlung aller Mitarbeiter macht er immer noch guten Gewinn. Sein eigener Verdienst sind satte 12 Millionen Euro. Er bekommt auch 1.500 Euro Grundeinkommen, eben bedingungslos, obwohl er dieses „Almosen" nicht haben will.

Somit wird er aber an den Staat 9.422.700 Euro an Einkommensteuer für das Jahr abführen müssen. Da er auch viele Luxusgüter kauft, kommen noch etliche hohe Summen an Steuern dazu. Da fallen die 18.000 € für das BGE auch nicht ins Gewicht.

Und was noch schlimm für Frieder ist, das ist die Tatsache, dass seine Steuerflucht aufgedeckt wurde und er nun zu Nachzahlungen in Millionenhöhe gezwungen ist. Andernfalls droht ihm eine langjährige Haftstrafe. Da wird er wohl besser zahlen.

Die Gier im Kapitalismus kann unermesslich sein und geht über das Leid vieler Menschen. Ein Bedingungsloses Grundeinkommen kann das konsequent verhindern. Das musste Frieder Dahlberg schmerzlich erfahren. Und er denkt inzwischen darüber nach, anstatt Menschen zu beschäftigen, Robotertechnik einzusetzen. Investitionsmittel dazu hat er ja genug.

	vor BGE	mit BGE
Betriebseinnahmen	15.600.000,00 €	16.850.000,00 €
Umsatzsteuer	-2.964.000,00 €	-1.685.000,00 €
Betriebsausgaben	-11636000,00 €	14.080750,00 €
FTS 0,5	0,00 €	-84.250,00 €
Gewinn	1.000.000,00 €	1.000.000,00 €
Einkommenst. 1/12	-453.000,00 €	-785.225,00 €

FTS 0,5	0,00 €	-5.000,00 €
BGE	0,00 €	1.500,00 €
monatl. Einkommen:	547.000,00 €	211.275,00 €

Knochenjob im Pflegeheim

In einem Pflegeheim als Pfleger zu arbeiten, das ist ein Knochenjob. Besonders anstrengend ist es in einem Heim, in dem Demenzkranke gepflegt werden. Dort arbeitet Daniela Jakobs als Pflegekraft. Sie arbeitet zwar sehr gern mit Menschen zusammen, aber seit einiger Zeit ist alles viel Stressiger geworden und das bisschen Gehalt dafür ist eher weniger geworden für diese überaus anstrengende Schufterei.

Seit das Pflegeheim privatisiert wurde, will der Betreiber immer mehr herausquetschen. An allen Ecken und Kanten soll gespart werden. Erst wird an die Eigentümer gedacht und an die Renditejäger, die nie satt genug werden, und zu aller Letzt denkt man an die Menschen, die hier arbeiten und die hier gepflegt werden müssen. Einfach widerlich, diese Art von gierigen Menschen, die nie genug bekommen können.

Und deshalb hat Daniela schon mehrmals ans Aussteigen gedacht, obwohl sogar Personalnotstand herrscht. Doch von was sollte sie dann leben? Vom Amt würde sie erst nach drei Monaten Arbeitslosengeld bekommen. Also weitermachen und auf bessere Zeiten hoffen. Und so manche geheime Träne hat ihr das gekostet.

Und diese besseren Zeiten sind endlich gekommen und haben das Bedingungslose Grundeinkommen mitgebracht. Die Politik der neuen linken Regierung ist vollkommen auf Enteignung im sozialen Bereich gerichtet. Und von dem Tag an werden die Gehälter der Pfleger und Pflegerinnen auf ein gerechtes Niveau gehoben. Daniela verdient ab sofort fast das Doppelte ihres mickrigen Gehaltes von vorher. Dazu das BGE und sie ist wie die anderen ihrer Kolleginnen und Kollegen wieder mit sehr viel Spaß und Engagement in ihrem Beruf tätig.

	vor BGE	mit BGE
Gehalt netto	1.188,00 €	2.036,00 €
BGE	0,00 €	1.500,00 €
FTS 0,5	0,00 €	-17,68 €
monatliches Einkommen:	1.188,00 €	3.518,32 €

Der konservative Politiker

Vor gut 25 Jahren ist Otto Lommel in die Politik gegangen für eine Partei der Mitte, also zwischen Links und Rechts. Otto wusste, warum er Politiker werden wollte und jetzt bleiben will. Hier kann man richtig gut absahnen, und das sogar nebenbei. Fürs Rumsitzen im Bundestag bekommt Otto Lommel etwa 19.000 Euro inklusive Diäten.

Aktiv wird Otto erst außerhalb des Bundestages, wenn er Vorträge in Kreisen der Wirtschaft hält. Meist geht es um die Lobbyarbeit mit der Regierung in den Ausführungen Ottos. So hat er schon einige Lobbyisten angeworben.

Bei diesen Vorträgen kassiert Otto im Durchschnitt etwa 30.000 Euro im Monat. Das macht im Jahr rund 360.000 Euro.

Ans Aufhören denkt er noch lange nicht. Aber einen Posten in einem Aufsichtsrat eines Konzerns hat er sich durch einen seiner Lobbyisten schon gesichert.

Als die Abstimmung über das Bedingungslose Grundeinkommen kam, stimmte Otto Lommel natürlich dagegen, wie fast alle anderen aus seiner konservativen Partei. Doch das nützte Otto nichts mehr. Mit überwältigender Mehrheit beschloss die Politik unter Führung aller linksgerichteten Parteien die Einführung des Bedingungslosen Grundeinkommens, die Neujustierung der Politikereinkommen einschließlich ihrer Pensionen und die stufenweise Professionalisierung der Politik innerhalb der nächsten Jahre.

Das war für Otto wie ein Faustschlag mitten ins Gesicht – der Weltuntergang, angezettelt von den Linken. Mit mickrigen 6.000 Euro wollte sich der Politiker aus der Mitte nicht abgeben, der so viel Gutes für das Land getan hat. Das wäre für ihn ja wie Hartz 4 für Politiker. Nein, und er kehrte der Politik den Rücken. Schließlich hatte er noch das Versprechen seines Lobbyisten und Freundes, ihn in den Aufsichtsrat seines Konzerns zu nehmen – für ein angemessenes Gehalt natürlich. Doch daraus wurde auch nichts, weil die Konzerne in kleinere Firmen zerschlagen werden sollten.

Otto Blieb nichts weiter übrig, als von seinem Bedingungslosen Grundeinkommen zu leben und natürlich von seinem angehäuften Geld aus Bundestag und den Vorträgen. Er wird nicht untergehen, aber verstehen kann er es immer noch nicht, wie man das Geld so mit der Gießkanne verteilen kann und die armen Menschen wissen doch nichts Vernünftiges mit so viel Geld anzufangen...

	vor BGE	mit BGE
Bundestag	19.278,00 €	0,00 €
Vorträge	30.000,00 €	0,00 €
BGE	0,00 €	1.500,00 €
FTS 0,5	0,00 €	-7,50 €
monatliches Einkommen:	49.278,00 €	1.492,50 €

Lena und ihre Bilder

Malen ist ihre große Glückseligkeit und Leidenschaft. Lena Hildebrandt ist Künstlerin mit Leib und Seele. Sie malt wunderschöne Bilder aller Art. Aber leider sieht es mit dem Verkauf ihrer Werke nicht so gut aus. Aus den Erlösen ihrer Werke kann sie kein eigenständiges Leben führen. Deshalb musste sie wider Willens Hartz 4 beantragen. Halbjährlich ist sie somit dem Amt Rechenschaft schuldig über den Verkauf ihrer Bilder. Danach werden die Leistungen für das nächste halbe Jahr berechnet und bewilligt.

So ist es sogar vorgekommen, dass sie in dem einen Halbjahr mehr Bilder verkauft hat als vorher, so dass sie schon daran dachte, Hartz 4 wieder den Rücken kehren zu können. Und nach der nächsten Bewilligung lief unverhofft über ein paar Monate nichts, absolut gar nichts. So hatte Lena nur 185 € zum Leben, weil das Jobcenter die Leistungen heruntergerechnet hat, weil sie in den Monaten zuvor gute Einnahmen hatte. Somit konnte sie jetzt plötzlich keine Miete mehr bezahlen und für die tägliche Versorgung wie Essen und Trinken war es auch zu wenig. Rücksprachen mit dem Jobcenter brachten nichts. Der Ärger war da.

So hatte sie unabsichtlich Schulden aufbauen müssen. Das hat ihr einen entsetzlichen Schock versetzt. Sie konnte ein paar Wochen keinen einzigen Pinselstrich machen, so ging ihr das aufs Gemüt. Und es kam noch schlimmer. Das Jobcenter steckte sie in eine Maßnahme, wo sie lernen sollte, wie man Bewerbungen schreibt und mit dem Computer umgeht. Das setzte sie sehr stark zu, besonders dass sie während dieser Maßnahme, die ihr nichts nutzte, ebenfalls nicht mehr malen konnte. Für sie war über diese Zeit die ganze Welt tot.

So werden Menschen durch das Amt seelisch umgebracht, anstatt zu helfen, argumentierte sie immer wieder während der unnützen Maßnahme. Doch es half ihr nichts, die Zerstörung ihrer Seele ging von Amts wegen weiter. Sie hatte keine Chancen dagegen vorzugehen.

Die Schulden konnte sie dann endlich durch das Bedingungslose Grundeinkommen bezahlen, auch an Freunde, die ihr uneigennützig geholfen haben, damit sie nicht hungern muss. Jetzt kann sie mit 1.500 Euro Absicherung durch das BGE in Ruhe ihre Bilder weiter malen und viele neue Ideen dort mit einbringen.

Dank dem Bedingungslosen Grundeinkommen werden jetzt auch mehr Bilder von ihr gekauft, weil allgemein die Kaufkraft im ganzen Land enorm gestiegen ist. Jetzt verkauft sie jeden Monat drei bis sagenhafte fünf Bilder. Das bringt monatlich mindestens 1.500 € zusätzlich zum BGE dazu.

Lena hat sich sogar ein kleines Auto auf Kredit gekauft und tourt damit über Märkte und findet so neben den Galerieverkäufen den einen oder anderen Käufer mehr. Da klingelt es noch einmal in der Kasse.

Von dem Schock hat sie sich schon längst wieder erholt, ihr Selbstwertgefühl hat sich seither stark erhöht. Sie ist wieder ein Mensch, der Welten versetzen und wunderbare Bilder malen kann. Sie ist wieder ein vollwertiger Mitbürger in dieser neuen und besseren Gesellschaft geworden.

	vor BGE	mit BGE
Hartz 4	185,00 €	0,00 €
Galerieverkauf	0,00 €	1.500,00 €
Marktverkäufe	0,00 €	1.000,00 €
BGE	0,00 €	1.500,00 €
FTS 0,5	0,00 €	-15,00 €
monatliches Einkommen:	185,00 €	3.985,00 €

Frau Kleemann – die Sekretärin

Renate sitzt als Sekretärin in einem Vorzimmer eines Abteilungsleiters einer größeren Firma. Sie arbeitet gern in ihrem Beruf, aber den Job, den sie hier machen muss, den mag sie ganz und gar nicht. Sie ist ständig den Launen ihres Chefs ausgesetzt und auch Mobbingversuchen, die aber bei ihr nicht ankommen. Diesen ekligen Kerl hat sie hassen gelernt wie die Pest. Was soll's, sie kann sehr viel wegstecken und so geht es Tag für Tag weiter. Und sie macht trotzdem ihre Arbeit gut.

Etwa 1.000 Euro verdient Renate Kleemann hier in der Firma netto. Das reicht gerade so zum Überleben. Und da Renate schon immer bescheiden war, hat sie sich kaum dran gestört, was sie für ihr schlichtes Leben benötigte, das hatte sie gerade so und das ging auch immer so in Ordnung für sie.

Als aber das BGE eingeführt wurde, war Frau Kleemann die erste, die sofort gekündigt hat – mit sofortiger Wirkung, betonte sie, nachdem man sie nicht gehen lassen wollte. Seither hat sie jetzt 500 Euro mehr zum Leben, muss keinem launigen Chef Rede und Antwort stehen und hat auch noch viel mehr Zeit, ihre Tochter und Enkelin zu besuchen zum Babysittern, was ihr viel mehr Freude bereitet, als anderen mit einem langen Gesicht nach der Pfeife zu tanzen und manche unberechtigte Rüge einzustecken. Vor allem versucht sie keiner mehr zu mobben.

Sie kann sich endlich auch voll und ganz ihren liebsten Hobbys, den Handarbeiten und dem Lesen, widmen. Hier tankt sie neue Lebenskraft und schmiedet an dem Plan, mit ihrer Tochter und ihrer Enkelin zusammen eine große Reise durch andere Länder zu machen. Denn das können sich die drei jetzt leisten, weil sie ein paar Monate nur dafür zu sparen brauchen mithilfe ihres jetzigen Grundeinkommens.

	vor BGE	mit BGE
Verdienst	1.000,00 €	0,00 €
BGE	0,00 €	1.500,00 €
FTS 0,5	0,00 €	-7,50 €
monatliche Einnahmen:	1.000,00 €	1.492,50 €

Der Obdachlose

Mal schläft er unter einer Brücke, dann schläft er mal wieder am Waldrand in einem Pappkarton oder er sucht sich mal eine Hausnische aus. Ins Nachtasyl für Männer will er aber nicht, weil da zu viel geklaut wird und da riecht es nicht gut.

Oliver Gerber ist obdachlos. Er ist kein Aussteiger aus der Gesellschaft wie bei manchen anderen seinesgleichen. Er ist eher ein Ausgestoßener der Gesellschaft. Und er kann nicht einmal etwas dafür.

Er ist sogar ein erfahrener Ingenieur und hatte einen gut bezahlten Job. Nachdem seine Firma Insolvenz angemeldet hatte, ging es folglich auch mit seinem Job zu Ende. Nach einem Jahr

Arbeitslosengeld I bekam er Hartz 4. Dort bekam er die Auflage, in eine kleinere Wohnung zu ziehen, weil ihm die alte Wohnung in der Größe und zu dem Mietpreis nicht zustehe. Weiterhin musste er ein paar Ersparnisse aufbrauchen, bevor er den Regelsatz für Bedürftige bekam. Und von ein paar Kunstgegenständen sollte er sich ebenfalls trennen.

Das tat Oliver nur wiederwillig und als er dann noch eine Maßnahme besuchen sollte, die für ihn als Ingenieur schon eine gehörige Beleidigung darstellte, weigerte er sich permanent. Auch so hatte er in der Nachfolge ständig irgendwelche kleinere Sanktionen anzuhängen, infolge dessen er nicht mehr die volle Miete an seinen Vermieter entrichten konnte.

Eine Einladung zu einem weiteren Gespräch im Jobcenter bekam er nicht, weil die Post den Brief vermutlich verschusselt hat. Daraufhin strich man ihm für drei Monate alle Leistungen zu 100 Prozent.

So entstanden weitere Schulden, die immer größer wurden, und sein Vermieter kündigte bald seine Wohnung. So kam er schließlich auf die Straße. So fällt man von einer einstigen und gut bestückten Vier-Raum-Wohnung bis auf zwei Reisetaschen und einen Rucksack als ganzen Besitz.

Als er die ersten 1.500 Euro BGE bekam, konnte er sich nicht mehr halten, um nach zwei bitteren Jahren unter freiem Himmel endlich wieder eine Wohnung zu bekommen. Sie musste nicht groß sein, denn auf der Straße hat er gelernt, bescheiden zu leben. Es waren zwei lehrreiche Jahre voller Entbehrungen, die das Amt ihm beschert hatte. Jetzt hatte er seine Würde wieder und das verhasste Amt, mit dem Oliver ständig im Krieg war, war endlich weg. Oliver Gerber hatte somit auf ganzer Linie gegen das Jobcenter gesiegt! Und er hatte jetzt endlich genug Geld für eine Wohnung, die er sogar schnell bekam, so dass er wieder glücklich und zufrieden leben konnte.

Jungen Ingenieurschülern gibt er jetzt gern Nachhilfeunterricht und verdient so noch ein paar Euro zu seinem BGE dazu.

	vor BGE	mit BGE
Hartz 4	424,00 €	0,00 €
BGE	0,00 €	1.500,00 €
Zuverdienst	0,00 €	400,00 €
FTS 0,5	0,00 €	-7,50 €
monatliche Einnahmen:	424,00 €	1.892,50 €

Verschuldung durch Jobcenter

Sie war nur eine von vielen und unter vielen, fiel nicht auf und schwamm mit der Masse immer in die gleiche Richtung. Nora Klemm hatte sich nie etwas zuschulden kommen lassen. Sie hatte einen Job als Verkäuferin, den sie irgendwann verlor durch Personaleinsparungen, bekam Arbeitslosengeld I und dann schließlich Hartz 4.

Das Jobcenter zahlte ihr die Leistungen, die ihr zustanden, dachte Nora jedenfalls. Und so kam es, dass sie eines Tages eine Rückforderung vom Amt bekam. Das Jobcenter wollte von ihr eine vierstellige Summe sofort zurückhaben, weil einige Leistungen in der Vergangenheit falsch berechnet wurden.

Das kam für Nora einem Todesstoß gleich. In ihr brach eine Welt zusammen. Das waren plötzlich so viele Schulden, die sie noch nicht einmal selber verschuldet hatte. Sie hatte voll darauf vertraut, dass die Berechnungen des Jobcenters stimmen.

Schließlich einigte sie sich mit dem Jobcenter, die Schulden monatlich mit 50 Euro abzuzahlen. Doch das sind 50 Euro, die ihr jetzt für ein paar Jahre jeden Monat fehlen werden, wenn sie keinen neuen Job finden würde. Das bedeutet weiterhin einschränken in der so schon weit heruntergefahrenen Lebensweise – noch weniger bis gar keine Teilhabe an gesellschaftlichen Ereignissen. Das kann man doch mit ehrlichen Menschen nicht machen.

Als endlich das Bedingungslose Grundeinkommen kam, waren diese Schulden erst mal erlassen, Jobcenter gab es nicht mehr und Nora Klemm konnte wieder aufatmen.

Mit 1.500 Euro konnte sie sich endlich ein neues Leben aufbauen und es so gestalten, wie sie sich das schon immer vorgestellt hatte. Sie hatte im Internet eine Firma gefunden, die mit Gesundheitserzeugnissen über Network Marketing handelt. Dort meldete sie sich an und verdient seither den einen oder anderen Euro dank ihrer vielen Kontakte dazu. Und so manchen anderen konnte sie inzwischen von dieser sinnvollen Tätigkeit überzeugen. So verdient sie auch noch Provisionen aus deren Verkäufen. Und so hat sich für sie alles zum Besten geändert.

	vor BGE	mit BGE
Hartz 4	714,32 €	0,00 €
Rückzahlungen H4	-50,00 €	0,00 €
Verdienst Network	0,00 €	320,00 €
BGE	0,00 €	1.500,00 €
FTS 0,5	0,00 €	-9,10 €
monatliches Einkommen:	664,32 €	1.810,90 €

Der Haushaltsgerätehersteller

Peter Simon besitzt eine größere Firma, die die unterschiedlichsten elektrischen und mechanischen Haushaltsgeräte herstellt. Dafür beschäftigt er 600 Arbeitskräfte an mehreren Fließbändern in drei Schichten.

Das Geschäft läuft richtig gut und Peters Erzeugnisse sind sehr begehrt auf der ganzen Welt. Der Jahresumsatz seiner Haushaltsgeräteproduktion beträgt etwa 120.000.000 Euro. Das sind jeden Monat 10 Millionen Euro. Davon hat er etwa zwei Millionen Euro Lohnkosten und für drei Millionen Euro kauft er Material für die Produktion ein. Eine weitere Million ist für sonstige Unkosten des Betriebes vorgesehen. So bleiben gut zwei Millionen Euro Gewinn nach Steuern übrig.

Somit hat sich der Produzent ein bedeutendes Gewinnplus aufbauen können. Damit beabsichtigt er in die Erneuerung seines Betriebes zu investieren. Er will alles umstellen auf Robotertechnik, so dass er kaum noch Arbeitskräfte beschäftigen muss. Dazu lässt er eine neue Werkhalle bauen komplett mit gut abgestimmten Fließstrecken und den dazugehörigen Roboterstationen.

Der von Peter lang ersehnte Tag der Arbeitsaufnahme seines neuen Betriebes kam und zufälligerweise ebenfalls das neue System mit dem Bedingungslosen Grundeinkommen und den neuen Steuern.

Somit hat Peter jetzt auch ein Bedingungsloses Grundeinkommen, aber er muss ab sofort auch Robotersteuern bezahlen. Mit der neuen Technik konnte er die Produktion sogar deutlich steigern und viel mehr Umsatz machen. Und statt 600 Arbeitskräften hat er nur noch vier hochqualifizierte Ingenieure für die Kontrolle, Wartung und Reparatur seiner hochwertigen Produktionstechnik.

Und die Produktion konnte Peter jetzt dank der Robotertechnologie fast verdoppeln. Trotz viel mehr Steuern bleibt jetzt für Peter Simon sogar das gute Zehnfache an Gewinn als vorher.

	vor BGE	mit BGE
Umsatz	10.000.000,00 €	17.000.000,00 €
Robotersteuer	0,00 €	-100.000,00 €
Lohnkosten	-2.000.000,00 €	-32.000,00 €
Sonst. Kosten	-4.000.000,00 €	-7.000.000,00 €

Umsatzsteuer	-1.900.000,00 €	-1.700.000,00 €
Investitionen	-2.000.000,00 €	-33.000,00 €
Gewinn	100.000,00 €	8.135.000,00 €
Einkommensteuer	-35.050,00 €	-7.334.750,00 €
BGE	0,00 €	1.500,00 €
FTS 0,5	0,00 €	-125.675,00 €
monatliches Einkommen:	64.950,00 €	676.075,00 €

Der Kleinkriminelle

Kaum jemand hat schon so oft im Knast gesessen wie Daniel Steffens. Seine Branche, die ihm ständig diese „Staatsfürsorge" einbringt, ist Einbruch und Diebstahl.

Daniel kommt schon aus einer Familie, die mit dieser unehrwürdigen Tradition behaftet ist. Sein Vater und auch seine Mutter klauten schon seit ihrer Jugend wie die Raben und Sohnemann wurde dazu ebenfalls erzogen, schon wegen der Ganovenehre...

Der Wille war ja immer da, es nicht wieder zu tun, aber dann kamen die kleinen Gelegenheiten, eine nach der anderen, auch weil die Leute nicht auf ihre Sachen aufpassten, es war letzten Endes immer wie eine Sucht, die man nicht lassen kann.

Auf Hartz 4 hatte Daniel keinen Bock – bürokratischen Schwachsinn wollte er einfach nicht über sich ergehen lassen. Klauen war da viel einfacher. Und im Knast hatte man ja auch zu essen und ein Dach über dem Kopf – und manchmal auch Kumpel.

Als Daniel mal wieder aus dem Strafvollzug entlassen wurde, war plötzlich dieses BGE da. Auch Daniel bekam ab jetzt seine 1.500 Euro Monat für Monat.

Das Schöne daran, er hatte jetzt immer etwas Geld in der Tasche und musste nicht in fremde Taschen greifen, um über die Runden zu kommen. Ohne Bürokratie jeden Monat 1.500 Euro fand Daniel toll. Das war sogar besser als klauen. Und er konnte nun doch ein normales und hoffentlich ehrliches Leben führen. Er hat es sich jedenfalls vorgenommen. Sehen wir mal…

	vor BGE	mit BGE
ehrlicher Verdienst	0,00 €	0,00 €
BGE	0,00 €	1.500,00 €
FTS 0,5	0,00 €	7,50 €
monatliches Einkommen:	0,00 €	1.492,50 €

Von der Miete fast erdrückt

Seit 15 Jahren wohnen Ute und Hans Senger in ihrer Wohnung mit drei Zimmern. Sie sind jetzt Rentner und haben zsammen eine einigermaßen gute Durchschnittsrente. Hans war Abteilungsleiter in einer Firma und Ute hatte einen kleinen Supermarkt geleitet.

Den beiden ging es bisher nicht schlecht in ihrer Wohnung. Doch die letzte Mieterhöhung schien ein Wendepunkt in ihrem Leben zu sein. Am Haus wurde ein kleiner Teil der Fassade saniert und schon trieb der vermietende Wohnkonzern die Mieten für alle Mieter in die Höhe. Das war so heftig, dass die ersten Mieter bald auszogen, weil sie diese Horror-Miete, wie sie sie nannten, nicht mehr bezahlen konnten.

Bei Ute und Hans ging schon die gute Hälfte ihrer Rente von 2.955 Euro drauf. Wenn das so weitergeht, dann müssen auch die beiden aus ihrer geliebten Wohnung ausziehen. Hier haben sie sich schon seit 15 Jahren wohl gefühlt und nie ans Ausziehen gedacht, wollten hier den Rest ihres Lebens gemeinsam verbringen.

Zum Glück kam das Bedingungslose Grundeinkommen dazwischen und durch die totale Umgestaltung des gesamten Systems wurden endlich diese gierigen Renditehaie enteignet. Die Miete wurde wieder auf ein erträgliches Niveau gesenkt und wie bei Druckerzeugnissen eine ortsgebundene Mietpreisbindung von der linken Regierung vorgeschrieben, die sich aber im Rahmen der üblichen Inflationsrate mitentwickeln darf.

Jetzt haben Ute und Hans Senger das BGE und ihre Rente und eine bedeutend geringere Miete zu zahlen – wie damals, als sie hier eingezogen waren.

Jetzt machen wir eine Weltreise, sagte Hans zu Ute. Und sie fielen sich glücklich in die Arme. Jetzt können sie richtig leben.

	vor BGE	mit BGE
Rente	2.955,00 €	2.955,00 €
Miete	-1.550,00 €	-780,00 €
BGE	0,00 €	3.000,00 €
FTS 0,5	0,00 €	-29,78 €
Rest Einnahmen:	1.405,00 €	5.145,22 €

Alles für das Ehrenamt

Ulli Schmickler ist seit vielen Jahren Hartz-4-Empfänger und er war einmal selbständig mit einem kleinen Buchladen, bis er Insolvenz anmelden musste. Er blieb aber immer seinen Büchern treu. In einer Bürgerbibliothek seines Stadtteiles und des dazugehörigen Vereins für die Bewahrung des Buches, in die er auch alle Restbestände seines Buchladens eingebracht hat, engagiert er sich aktiv. Alle kennen ihn und mögen den Ulli.

Viele meinen, dass Ulli alle Bücher kennt. Darum heißt er überall der Bücherwurm vom Kiez. Mit einer Hand voll Mitstreitern kümmert er sich um seine Schätze. Doch das Jobcenter sieht das nicht gern. Man wollte ihm schon vorwerfen, heimlich seinen Buchverkauf fortzusetzen und drohte schon mehrmals damit, seine Leistungen zu sanktionieren. Man schickte ihn auch in Maßnahmen, wo er vollkommen unterfordert war und was nichts brachte als unendlich viel vergeudete Zeit.

Doch seit nun endlich das Bedingungslose Grundeinkommen wurde, hat er viel neue Kraft geschöpft und steht jetzt voll und ganz seinem Lieblingsprojekt, seinen Büchern, voll zur Verfügung.

Er brauch sich keine Sorgen mehr zu machen, dass jemand etwas von ihm will, was er nicht mag, und ihm mit Sanktionen droht, wenn er nicht will. Hier ist er frei, freier geht es nicht mit dem BGE. Und er ist rundum abgesichert. Sein Leben befindet sich wieder in den richtigen Bahnen. Und er hat schon darüber nachgedacht, wieder seinen alten Buchladen in neuer Pracht zu eröffnen. Viel Glück, Ulli.

	vor BGE	mit BGE
Hartz 4	724,30 €	0,00 €
BGE	0,00 €	1.500,00 €
Finanztransaktionssteuer 0,5	0,00 €	-7,50 €
monatliches Einkommen:	724,30 €	1.492,50 €

Der Flohmarkthändler

Lars Keller hat es mit alten Dingen und mit Trödel. Seit er mal einen Speicher beräumt hat bei einem seiner Nachbarn, der verstorben war, hat es ihn gepackt wie eine gefährliche Seuche. Fast alles, was man vor zig Jahren im Haushalt verwendet hatte, kann man auf dem Flohmarkt zu Geld machen.

Eigentlich ist Lars schon seit einiger Zeit auf Hartz 4. Doch das Geld vom Amt ist jeden Monat so knauserig wenig, dass er damit überhaupt nicht über die Runden kommt.

Ist irgendwo in der Nähe ein Flohmarkt, ist Lars dabei. Mit seinem alten VW knattert er vollgepackt dort hin. Und weil der Speicher seines verstorbenen Nachbarn noch reichlich voll ist, ist er noch lange dabei und verscherbelt alles auf dem Flohmarkt, was er mitnehmen kann. Und das macht ihm dazu auch noch sehr viel Spaß.

Nur sieht er seine Sachbearbeiterin vom Jobcenter, dann muss er sich verstecken. Es besteht sonst die Gefahr, dass er mit Sanktionen zu rechnen hat. Er muss dann seine Einnahmen vorrechnen und die werden ihm dann zu einem Teil abgezogen von den Leistungen. Dann hat er wieder sehr wenig. Das muss er nicht haben. Das findet er ungerecht.

Den Handel mit Trödel hat er sich jetzt zum Hobby gemacht. Und als es vorbei war mit dem Jobcenter und das Bedingungslose Grundeinkommen endlich da war, brauchte er sich nicht mehr zu verstecken. Jetzt hatte er sogar eine Absicherung und konnte in Ruhe alle seine Trödelware verkaufen. Und er verdient kein schlechtes Geld dabei. Die Leute kaufen viel mehr als vor dem BGE.

Also kaufte er sich auf Kredit einen kleinen gebrauchten Lieferwagen und konnte so mehr Ware umsetzen und auch auf entferntere Märkte fahren. Durch Anzeigen fand er immer wieder Kunden, deren Keller, Schuppen oder Speicher er beräumen konnte.

So hatte er sich dank dem BGE ein schönes kleines Geschäft aufgebaut, das aber beinahe das

Jobcenter verhinderte, wenn ihn seine dortige Sachbearbeiterin entdeckt hätte. Jetzt steckte er aber alle seine Kraft in dieses Geschäft, ohne Angst haben zu müssen, dass ihm etwas davon weggenommen wird.

	vor BGE	mit BGE
Hartz 4	635,54 €	0,00 €
Flohmarktgewinn	350,00 €	695,00 €
BGE	0,00 €	1.500,00 €
FTS 0,5	0,00 €	-7,50 €
monatliches Einkommen:	985,54 €	2.187,50 €

Pendeln, bis der Verdienst weg ist

In einem kleinen Dorf lebt Anita Mertens mit ihrem Sohn Fritz. Anita hat einen Job in einem 90 km entfernten Ort und muss jeden Tag pendeln. Fritz ist mit seinen 16 Jahren Schüler der 10. Klasse. Beide bewohnen ein kleines Häuschen, das schon seit über 100 Jahren in Familienbesitz und ringsherum sanierungsbedürftig ist.

Anitas Verdienst reicht noch lange nicht aus, um davon mit dem Sohn vernünftig leben zu können. Die täglichen Fahrtkosten fressen auch viel vom Verdienst weg und die Pendlerpauschale macht auch nicht alles wieder gut. Also muss Anita aufstocken.

Widerwillig ist sie zum Jobcenter gefahren, um Aufstocken mit Hartz 4 zu beantragen. Dort legte man ihr nahe, das Haus zu verkaufen und erst einmal davon zu leben – ein Schlag ins Gesicht von Anita. Mit Mühe und Not konnte sie das aber abwenden, weil das Haus schon alt und voll sanierungsbedürftig ist. Dafür haben sie aber die vermutlichen Erträge aus dem kleinen Garten mit in die Leistungen eingerechnet. Den knauserigen Betrag, der dann unterm Strich herauskam, hätte Anita der Sachbearbeiterin des Jobcenters am liebsten an den Kopf geworfen. So wenig war das. Dieser Ärger und der Pendlerstress brachten Anita an den Rand der Verzweiflung. Das machte sie krank. Vom Verdienst blieb nichts, das Jobcenter zahlte nur sehr wenig und den Garten zu bewirtschaften hatte Anita keine Zeit, weil sie ständig unterwegs war. Ein Hexenkreis vom Amt gemacht.

Einfach bei ihrer Firma aufhören konnte sie auch nicht, weil sie dann ohne Lohn war und für drei Monate auch keine Leistungen bekommen würde. Sie war auf diese Leistungen angewiesen, damit die beiden etwas zum Essen kaufen konnten und nicht hungern müssten.

Wie froh waren die beiden, als endlich das Bedingungslose Grundeinkommen eingeführt wurde. Anita kündigte sofort ihren verhassten Job und war froh, nicht mehr jeden Tag diesen langen Weg hinter sich bringen zu müssen. Sie hatte jetzt viel Zeit, um sich um alles rund um ihr Haus zu kümmern.

Anita und Fritz hatten jetzt zusammen ein BGE von 2.750 Euro. Anita konnte damit sogar bei ihrer Bank einen Kredit aufnehmen, um das Haus endlich sanieren zu lassen. Und sie hatte endlich auch Zeit für den Garten am Haus, so dass der ebenfalls genügend Obst und Gemüse für den eigenen Verbrauch hergab. So macht das Leben viel mehr Spaß und von Krankheit war kein Gefühl mehr da.

	vor BGE	mit BGE
Hartz 4	175,00 €	0,00 €
Restverdienst	398,00 €	0,00 €
BGE	0,00 €	2.750,00 €
FTS 0,5	0,00 €	-13,75 €
monatliches Einkommen:	573,00 €	2.736,25 €

Die Protestpartei soll es richten

Herbert Poltergeist war schon immer ein Einzelgänger und auch etwas ein Querulant. Er wusste alles besser als andere und hatte immer Recht. Darum hatte er auch keine vielen Freunde. Solch ein Charakter wie der von Herbert kommt nur bei sehr wenigen Menschen an.

Als sich diese Protestpartei in Deutschland als so genannte Alternative gebildet hatte, trat er sofort bei und wollte mit ihr zusammen Deutschland wieder zu dem machen, was es einmal war. Die Ausländer sollten raus und die Politiker der anderen Parteien sollten ins Gefängnis geworfen werden. Ja das wäre nach Herberts Vorstellungen nur gerecht. Das war gut an dieser Partei.

Herbert freundete sich mit einigen Leuten aus dem extrem rechten Flügel dieser Protestpartei an. Das waren für ihn die richtigen Deutschen, die irgendwann mal richtig durchgreifen und

116

Deutschland wieder deutsch machen würden. Die Ausländer waren für ihn alle nur Mörder, Vergewaltiger und Terroristen und bekämen vom Staat viel mehr Vorteile und vor allem viel mehr Geld zum Leben als er, der nur Hartz 4 hatte und davon leben musste. Und die Arbeit nahmen sie den Deutschen seiner Meinung nach ja ebenfalls weg. Und die Lügenpresse verbreitet nur Fake News, nur um die Deutschen zu täuschen.

Plötzlich hatte man das Bedingungslose Grundeinkommen eingeführt und diese Protestpartei im braunen Spektrum verschwand viel schneller als die anderen Parteien. Herbert bekam jetzt jeden Monat 1.500 Euro auf sein Konto, wovon er gut leben konnte wie jeder andere auch, der das BGE bekam. Auch die Ausländer, die inzwischen integriert waren, bekamen das gleiche. Asylsuchende aber mussten sich mit weniger zufrieden geben. Sie hatten nur so viel zur Verfügung, dass sie sich davon ernähren und kleiden konnten. Die Höhe des Geldes für diese Leute war praktisch wie der vorherige Hartz-4-Satz. Mehr nicht. Das war ausreichend, um sie als Gäste würdig behandeln zu können.

Ob nun Herbert Poltergeist zufrieden ist, weiß keiner, weil er wie vorher schon sehr zurückgezogen lebt. Aber mit Sicherheit lebt er jetzt besser als er zuvor gelebt hatte. Wäre nicht auszudenken gewesen, wenn diese Protestpartei an die Macht gekommen wäre und dann sogar noch die Regierung gestellt hätte. Dann hätten sich die Menschen weiter einschränken müssen und wären unglücklicher geworden. Und vielleicht gäbe es sogar einen Bürgerkrieg…

Ich höre jetzt lieber auf...

	vor BGE	mit BGE
Hartz 4	730,50 €	0,00 €
BGE	0,00 €	1.500,00 €
FTS 0,5	0,00 €	-7,50 €
monatliches Einkommen:	730,50 €	1.492,50 €

Mit 100-Prozent-Sanktion in die Kriminalität

Anna Schlee hat sich noch nie etwas zu Schulden kommen lassen. Sie ist alleinerziehend mit ihrer vierjährigen Tochter Nicole. Leider hat sie schon lange keine Arbeit mehr und lebt seither von Hartz 4 in ihrer kleinen bescheidenen Zwei-Raum-Wohnung.

Mit ihrer Sachbearbeiterin vom Jobcenter hat sich Anna schon des Öfteren überworfen. So hat Anna schon Jobs abgelehnt, die weit entfernt sind und sie lange fahren muss. Auch Maßnahmen, die Anna für sich sinnlos findet, hat sie ebenfalls abgelehnt. Das endete jedes Mal mit einer Sanktion. Die dritte Sanktion trifft sie jetzt mit 100 Prozent besonders hart. Alles hat man ihr praktisch damit genommen.

Plötzlich kann Anna keine Miete mehr bezahlen, sie kann auch ihrer Tochter nichts mehr zu essen machen, weil sie nichts kaufen kann. Kann man so mit ehrlichen Menschen umgehen in diesem Land, in dem es so viel Reichtum gibt? Das verstand Anna nicht.

Anna blieb nichts weiter übrig, als im Supermarkt und auf dem Wochenmarkt zu stehlen. Es war nicht leicht für sie, sich dafür zu entscheiden. Schließlich musste sie ihre kleine Tochter versorgen. Oft ging sie auch in die Natur hinaus, um nach wilden Beeren oder nach Obstbäumen an den Straßenrändern zu sehen und um sich dort zu bedienen.

Doch die Probleme, die mit der letzten Sanktion verbunden waren, wurden immer mehr und massiver. Mahnungen flatterten ins Haus, erst vom Stromanbieter, weil sie ihren Stromabschlag nicht gezahlt hat, dann vom Vermieter, weil die Miete nicht beglichen wurde. Alles beides hatte Anna immer zum Monatsbeginn als erstes pünktlich bezahlt, damit sie ja nicht in Verzug gerät und Probleme bekommt. Jetzt war sie in Verzug und verstand die Welt nicht mehr, warum der Saat mit ihr so etwas Grausames machen kann. Man wollte sie zu etwas zwingen, was sie um keinen Preis wollte, weil damit für sie andere, vielleicht noch größere Probleme entstehen würden. Wo sollte sie ihre Tochter lassen, wenn sie viel pendeln müsste?

Schließlich wurde sie auch noch beim Stehlen erwischt, alles nur Grundnahrungsmittel, die sie aber brauchte, um mit ihrer Tochter zu überleben. Trotzdem wurde sie wie eine Kriminelle behandelt, wie Abschaum und man schaltete die Polizei ein. Man drohte ihr mit dem Jugendamt, nehme ihr die Tochter weg, schüchterte sie damit ein. Tiefer kann man nicht fallen, dachte Anna, und alles von Amts wegen. Was für ein rücksichtsloser Staat ist das nur?

Dann wurde zum Glück der beiden das Bedingungslose Grundeinkommen eingeführt. jetzt hatten sie zusammen 2.250 Euro. Anna konnte somit die Miete schnell abzahlen und die Stromabschläge und musste nicht um ihre Wohnung bangen, und dass man ihr auch noch den Strom abstellt.

Aufgrund der vom Amt herbeigeführten Härte der Lebenssituation, dass sie zum Stehlen gezwungen war, hat später ein Gericht entschieden, dass Anna nur den Schaden beim Supermarkt wiedergutmachen muss für das, was sie aus Not gestohlen hatte und was sie auch schnell wiedergutmachte. Damit kann Anna nun gut mit ihrer Tochter weiter zusammenleben.

Und die beiden haben sich für die Zukunft vorgenommen, viel in die Natur zu reisen und sich das Land anzusehen. Das Geld dazu haben sie ja jetzt.

	vor BGE	mit BGE
Hartz 4	0,00 €	0,00 €
BGE	0,00 €	2.250,00 €
FTS 0,5	0,00 €	-11,25 €
monatliches Einkommen:	0,00 €	2.239,75 €

Neureich mit Online-Unternehmen

Seine Online-Shops sind der Wahnsinn, sagt man. Jeder will dort einkaufen, weil alles gut dargestellt, beschrieben und preiswert ist und das Marketing auch stimmt. Thomas Schöninger ist

Online-Unternehmer und dazu auch noch sehr erfolgreich. Sein Umsatz schießt durch die Decke und er ist sogar im Handumdrehen Millionär geworden.

Trotz allem weiß Thomas immer noch, wo er hergekommen ist, dass er aus einfachen Verhältnissen stammt und auch dort noch zu Haus ist. Er wollte immer etwas im Internet verdienen, so viel, dass er davon gut leben kann. Das ist ihm jetzt sogar mehr als gelungen. Er wollte nie abheben, wollte sich nur ein paar bessere Dinge leisten, ein schickes Auto und in den schönsten Gegenden der Welt Urlaub machen. Und er wollte seine Mutter unterstützen, die seit ein paar Jahren eine erbärmliche Invalidenrente bezieht, von der man kaum leben kann.

Ein paar Millionen hat er bereits verdient. Und es wird ständig mehr. Was soll man mit so viel Geld, wenn man keine sehr hohen Ansprüche hat?

Nach der Steuer bleibt noch weit über die Hälfte übrig. Also wohin mit dem, was nach der Rücklage noch bleibt und was da vielleicht noch kommen wird?

Thomas will armen abgehängten Menschen helfen. Er engagiert sich in Vereinen und finanziert deren Arbeit für Bedürftige. Oft denkt er darüber nach, wie seinesgleichen Gelder ins Ausland in Steuerparadiese transferieren aus Geiz und Gier. Das will Thomas nicht, er will vernünftig besteuert werden, damit die Menschen, die nicht viel haben, auch etwas von seinem Reichtum abbekommen und besser leben können. Schließlich war er auch einmal einer von ihnen und weiß, wie es ist, wenn man ständig in die hohle Röhre schauen muss und sich dieses und jenes nicht kaufen kann, obwohl es nicht teuer ist.

Doch seit es das neue System mit dem BGE gibt, sieht die Besteuerung seines immer mehr werdenden Reichtums viel besser aus. Thomas bekommt zwar auch das Bedingungslose Grundeinkommen, muss dafür aber sehr viel mehr Steuern abführen und das ist okay so, weil so kein bürokratischer Monsterapparat aufgebaut werden muss, der noch zusätzlich vollkommen unnötige Unsummen für seine Erhaltung verschlingt. Denn dann wäre das Bedingungslose Grundeinkommen nicht mehr bedingungslos. Und trotzdem hilft jetzt Thomas noch in anderen Ländern. Und das macht er gern. Er verdient ja genug.

	vor BGE	mit BGE
Umsatz	190.000,00 €	330.000,00 €
Umsatzsteuer	-36.100,00 €	-13.000,00 €
geschäftl. Ausgaben	-95.000,00 €	-112.000,00 €
FTS 0,5 Geschäft	0,00 €	-1.715,00 €
Gewinn	58.900,00 €	203.285,00 €
Einkommensteuer	-26.491,00 €	-123.357,83 €
BGE	0,00 €	1.500,00 €
FTS 0,5 privat	0,00 €	-1.023,93 €
monatliches Einkommen:	32.409,00 €	80.403,24 €

Flucht in die Rente mit 63

Otto Kellner ist schon viele lange Jahre Hartz-4-Empfänger. Das hat ihn schon mitgenommen, denn seine Gesundheit ist nicht mehr so, wie sie eigentlich sein sollte. Er ist vor wenigen Tagen 63 geworden. Ständig wurde er in irgendwelche Maßnahmen gesteckt, die ihn niemals voranbrachten. Immer verschlechterte sich sein Gesundheitszustand und er musste die Maßnahmen jedes Mal wieder abbrechen, weil er krank geworden war.

Auch ein paar Jobs, die ihm alles abverlangten, musste er nach wenigen Wochen aufgeben. Anstatt ihn in Ruhe zu lassen, drängte das Jobcenter Otto immer wieder zu irgendetwas. Otto Kellner ist das beste Beispiel dafür, dass man Menschen nicht in Jobs und Maßnahmen und anderem drängen darf, die ihnen zuwider sind.

Das trieb Otto jetzt mit 63 Jahren in die Rente. Er hatte zwar somit fast 10 Prozent Abzug, als er ab seinem eigentlichen Renteneintrittsalter gehabt hätte, aber das war für ihn besser, als ständig unter Druck zu stehen, obwohl er mit Hartz 4 etwas mehr hatte.

Er begann mit dem Pfandflaschen sammeln. Das könnten vielleicht auch noch ein paar Euro am Tag werden. Doch glücklich war er damit nicht. Die abwertenden Blicke mancher Leute waren ihm nicht angenehm. Manchmal schämte er sich sogar. Doch er machte weiter, weil kein anderer Ausweg in Sicht war.

Mit dem Bedingungslosen Grundeinkommen kam nun doch ein guter Ausweg für Otto. Fortan brauchte er keine Flaschen mehr zu sammeln. Er hatte das Dreifache seiner Rente noch dazu. Mit 2.000 Euro kann Otto ab sofort gut leben und kann wieder gesund werden von diesem psychischen Druck.

Als erstes machte Otto eine kleine Reise mit der Bahn ins nächste Gebirge, um in frischer Waldluft neue Kraft zu tanken. Das gefiel ihm und er nahm sich vor, solche Kurzreisen zur Regel werden zu lassen. Das BGE machte Otto wieder zu einem gesunden Menschen. So hat er jetzt neue Lebenskraft und sein Leben hat wieder einen Sinn erhalten.

	vor BGE	mit BGE
Rente	545,00 €	545,00 €
Flaschen sammeln	80,00 €	0,00 €
BGE	0,00 €	1.500,00 €
FTS 0,5	0,00 €	-10,23 €
monatliche Einnahmen:	625,00 €	2.034,77 €

Trotz hohen Alters
helfen bei der Tafel

Sie ist mit ihren 87 Jahren noch voll aktiv und bei guter Gesundheit. Marta Paulisch bewohnt noch ihre kleine Wohnung im Parterre mit zwei Zimmern und hält sie auch noch gut in Schuss.

Ehrenamtlich engagiert sich die rüstige Seniorin bei der Tafel in ihrer Straße, um anderen armen

Menschen zu helfen, über die Runden zu kommen und nicht hungern zu müssen. Marta bekommt selbst nur eine mickrige Rente, die mit 624,55 Euro unter aller Sau ist, wie sie selber immer sagt. Davon kann sie zwar jeden Monat ihre Miete und Stromrechnung bezahlen für ihre kleine Wohnung, aber da bleibt kaum noch etwas übrig zum Leben. So hilft sie eben bei der Tafel, weil sie so auch wieder etwas gibt, wenn sie von dort etwas bekommt. Das ist für sie nur gerecht so.

Wie gern würde sie noch das Land bereisen mit ihren Mädels zusammen, wie sie ihre ebenfalls betagten Freundinnen nennt, mit denen sie sich sehr oft trifft. Auch sie sind regelmäßig bei der Tafel, weil der Staat es nicht hinbekommt, vernünftige Renten zu zahlen, von denen man wenigstens einigermaßen leben kann.

Das BGE schafft jetzt endlich Abhilfe. Jetzt hat Marta noch ein Bedingungsloses Grundeinkommen dazu zu ihrer Rente. Zusammen sind das etwas über 2.000 Euro. An jedem Wochenende setzen sich seither die Mädels in einen Zug und fahren an ein kurz vorher ausgesuchtes Ziel und haben viel Spaß dabei. Einstimmige Meinung: Sie fühlen sich allesamt gleich viel jünger!

	vor BGE	mit BGE
Rente	624,55 €	624,55 €
BGE	0,00 €	1.500,00 €
FTS 0,5	0,00 €	-10,62 €
monatliches Einkommen:	624,55 €	2.113,93 €

Tischlermeister in Not

Hanno Holzmann ist Tischlermeister. Seinen Meisterbetrieb hat er bereits seit fünf Jahren. Damals konnten sich er und seine drei Mitarbeiter vor Aufträgen nicht retten. Doch die Aufträge sind in der Zwischenzeit stark zurückgegangen. Ein Mitkonkurrent in der Nähe bietet seine Leistungen für weniger an als Hanno.

Leider hat Hanno das Pech, seine Werkstatträume mieten zu müssen, ebenso muss er den Kredit für seine Maschinen noch abzahlen, die Krankenkasse schlägt ebenfalls erbarmungslos zu und zu guter Letzt hat er für seinen Betrieb zwei geleaste Fahrzeuge, die auch jeden Monat nicht wenig kosten. So etwas treibt natürlich die Preise für seine Arbeiten in die Höhe. Das ist bei seinem Mitkonkurrenten nicht der Fall und so kann dieser bessere Preise machen. Er hat sein eigenes Gebäude und alles andere aus der eigenen Tasche bezahlen können und muss nichts abzahlen. Das ist ein gravierender Vorteil gegenüber Hanno.

Einen seiner drei Mitarbeiter musste Hanno schon entlassen, um nicht zu schnell in die Pleite zu schlittern. Wenn nur endlich die Maschinen abgezahlt wären...

Zum Glück für Hanno Holzmann wurde jetzt das Bedingungslose Grundeinkommen eingeführt. Er hat somit seine separate Absicherung, um normal leben zu können, und er muss jetzt nicht mehr warten, bis er vom überschüssigen Geld endlich etwas entnehmen kann, um sein Privatleben zu finanzieren.

Auch seine beiden Mitarbeiter haben jetzt durch das BGE mehr Geld. Alle sind glücklich, weil sie viel mehr Geld zur Verfügung haben als vorher. Den dritten Mitarbeiter konnte Hanno wieder ins Team holen. Die Arbeit macht allen viel mehr Spaß – es gibt keinen Frust mehr. Und Hanno Holzmann kann jetzt mehr abzahlen, da auch die Aufträge wieder etwas zugenommen haben durch die Erhöhung der Kaufkraft durch das Grundeinkommen.

	vor BGE	mit BGE
Umsatz	4.325,00 €	6.800,00 €
Kosten mit Umsatzsteuer	-3.526,85 €	-4.206,76 €
BGE	0,00 €	1.500,00 €
FTS 0,5	0,00 €	-41,50 €
monatliches Einkommen:	798,15 €	3.051,74 €

Die Kräuterleute am Wald

Am Waldrand wohnen in einem kleinen alten Haus Willy und Anna Sender. Willy hat gerade sein 95. Lebensjahr vollendet und Anna wird bald 93. Und sie sind beide noch so rüstig wie zwei 50jährige. Willy war hier früher mal Förster und kennt sich in seinem Wald sehr gut aus. Schon als junger Mensch hat er sich für die Pflanzen des Waldes interessiert, besonders für die Kräuter und Heilpflanzen. Anna hat sich schon früh von ihrem Willy alles beibringen lassen und teilt mit ihm jetzt im hohen Alter sein ganzes Wissen.

Und das wissen auch die Leute in der ganzen Umgebung und kommen zu den beiden, um bei ihnen Kräuter und frisch zubereiteten Wald- und Wiesentee zu kaufen und um auch mal so manchen Rat zu bekommen.

Willy bekommt Rente, Anna nicht. Denn Anna hat „nie gearbeitet", wie es amtlich heißt, obwohl sie drei Kinder großgezogen und sich später auch ehrenamtlich engagiert hat. Sie war eben Hausfrau, der keine Rente zusteht.

Weil die beiden ihr eigenes Haus bewohnen, kommen sie einigermaßen mit dieser einen Rente von Willy zurecht. Verreisen können sie aber nicht. Ab und zu kommen die Kinder, die inzwischen auch schon Rentner sind, und die Enkel und Urenkel zu besuch. Aber Willy und Anna würden sie gern mal mit der Bahn besuchen. Und dazu reicht Willys Rente nicht,

Und das können sie endlich. So bekommen die beiden vom Waldrand zusammen 3.000 Euro jeden Monat. Das ist das Vierfache von Willys Rente, die ihm natürlich auch noch weiter ausgezahlt wird.

Anna musste extra für das BGE ein neues Konto bei der Bank einrichten, weil sie nie ein Konto besessen hat, denn sie bekam nie Geld. Sie weinte vor Freude, als die das erste Mal ihre 1.500 Euro auf ihrem neuen Konto sah.

So können die beiden endlich alle ihre Nachfahren besuchen und können sogar Geschenke für die Enkel und Urenkel mitbringen. Einen schöneren Lebensabend haben sich die beiden wirklich nicht vorgestellt. Die Freude ist groß bei den beiden hochbetagten Senioren. Und sie haben sich fest vorgenommen, über 100 Jahre zu werden. Na dann viel Glück Willy und Anna.

	vor BGE	mit BGE
Rente Willy	1.125,70 €	1.125,70 €
BGE	0,00 €	3.000,00 €
FTS 0,5	0,00 €	-20,63 €
monatliche Einnahmen:	1.125,70 €	4.105,07 €

Leiharbeiter Friedhelm

Friedhelm Binder ist von Beruf Zerspaner. Früher hatte er in einem Metallbetrieb an verschiedenen Maschinen gearbeitet. Doch mit der Wende wurde sein Betrieb abgewickelt und Friedhelm schlug sich mal ohne und mal mit Job durchs Leben. Nur in seinem Beruf, den er eigentlich sehr gern gemacht hatte, konnte er bisher nicht mehr arbeiten.

Jetzt arbeitet er bei einer Leiharbeitsfirma und muss immer mal die Auftraggeber-Firma wechseln, in der er abkommandiert wurde. Da kommt es schon mal vor, dass er mit der Bahn fahren muss, um an eine andere Arbeitsstelle zu gelangen. Das bedeutet immer Stress ohne Ende. Aber was soll Friedhelm machen? Er muss doch leben und das Geld ist etwas mehr als Hartz 4. Er kommt nicht so einfach aus diesem Hamsterrad heraus. Und die Leiharbeitsfirma macht die dicke Kohle mit ihrem Sklaven Friedhelm Binder. Das ärgert Friedhelm maßlos – das ist moderne

Sklaverei. Und die Rente wird später auch sehr mickrig ausfallen, weil von dem bisschen Lohn ebenso wenig in die Rentenkasse eingezahlt wird. Das lässt enorme Wut hochkochen.

Als endlich das Bedingungslose Grundeinkommen zum ersten Mal auf Friedhelms Konto erschien, ging er erst gar nicht mehr zur Arbeit. „Scheiß auf diesen Sklavenvertrag, die können mich mal!" Über die Fristlose Kündigung, die später kam, hatte er sich köstlich amüsiert. Jetzt konnte er sein Leben selber in die Hand nehmen. Und das tat er auch. Er war leidenschaftlicher Modelleisenbahner. Wegen seiner finanziellen Situation konnte er sich sein Hobby schlecht leisten und seine Modelleisenbahn aus besseren Zeiten weiter ausbauen. Doch jetzt hatte er die Möglichkeit, alles für sein Steckenpferd zu geben und sich regelmäßig bei seinem Verein der Modelleisenbahner mit Gleichgesinnten zu treffen. Friedhelm ist jetzt mit Leib und Seele dabei und einer der aktivsten Mitglieder des Vereins. Und er hat dafür sogar alle Zeit der Welt.

	vor BGE	mit BGE
Verdienst Leiharbeit	920,00 €	0,00 €
BGE	0,00 €	1.500,00 €
FTS 0,5	0,00 €	-7,50 €
monatliches Einkommen:	920,00 €	1.492,50 €

Fastfood-Restaurant-Arbeit
und drei Kinder

In einem Fastfood-Restaurant ist es heiß in der Küche und es geht dort oft sehr hektisch zu, je nachdem, wie viele Gäste das Lokal besuchen. Darum möchte solch einen Job nicht unbedingt jeder machen.

Elsa Klump arbeitet hier schon sechs Jahre. Und sie macht ihren Job gern und gut.

Ursprünglich kommt sie aus Asien und hat hier nach Deutschland geheiratet, bekam drei Kinder und wurde schließlich geschieden. Jetzt lebt sie mit ihren drei Kindern allein in einer eigentlich viel zu kleinen Wohnung. Ihr Exmann wohnt ebenfalls in der Nachbarschaft und kann sich so auch um die drei Schulkinder kümmern, wenn sie auf Arbeit ist.

In der ersten Zeit hatte Elsa für ihre drei Kinder noch Hartz 4 bekommen. Aber die ewigen Auflagen, Kürzungen und die Bevormundung konnte sie nicht mehr ertragen. So ließ sie sich beraten, dass sie Wohngeld und Elterngeld beantragen kann. Das würde dann die Hartz-4-Sätze für die Kinder egalisieren. Das tat sie und fortan hat sie keinen Ärger mehr mit dem Jobcenter.

Das Bedingungslose Grundeinkommen kam ihr auch sehr gelegen. Anstatt der etwa 2.000 Euro hat nun die Familie 5.250 Euro nur an Grundeinkommen. Die Sozialleistungen Kindergeld, Elterngeld und Wohngeld gibt es jetzt dafür nicht mehr.

Elsa hat ihren Chef gebeten, sie nur noch zur Hälfte einzusetzen, so wie es viele andere in ihrer Firma auch taten. Damit muss sich der Chef jetzt abfinden. Elsa verdient trotzdem noch etwa 700 Euro. So haben die Klumps fast 6.000 Euro jeden Monat zur Verfügung. Und da kann man schon sehr viel mit anfangen und mit den Kindern viel Schönes unternehmen.

	vor BGE	mit BGE
Sozialeinkommen	600,00 €	0,00 €
Verdienst	1.400,00 €	700,00 €
BGE	0,00 €	5.250,00 €
FTS 0,5	0,00 €	-29,75 €
monatliches Einkommen:	2.000,00 €	5.920,25 €

Networker hofft auf ein besseres Leben

Network Marketing ist etwas verrufen, es ist auch nicht jedermanns Sache. Doch wenn die Produkte gut sind und man einen großen Bekanntenkreis hat, dann kann daraus durchaus etwas werden. Man kann damit noch ein wenig Geld nebenbei verdienen.

Bernd Polmann ist schon lange Hartz-4-Empfänger. Er hat schon hunderte Bewerbungen geschrieben und hat etliche Maßnahmen des Jobcenters über sich ergehen lassen. Alles war für die Katz. Nichts davon brachte Bernd den erwünschten Erfolg. Eine Enttäuschung nach der anderen reihten sich an weitere Enttäuschungen.

Durch Zufall hat er im Internet ein Produkt für seine Gesundheit gefunden, welches er unbedingt ausprobieren wollte. Er ging das Risiko ein und bestellte es, obwohl er eigentlich das Geld dazu nicht hatte. Und nach kurzer Zeit stellte er zufrieden fest, dass es seinen Erwartungen voll entsprach.

Er empfahl es in seinem Freundeskreis und stieß sogar auch hier auf Zustimmung. Und da dieses Produkt über ein Network-Marketing-Geschäft abgewickelt wird, verdiente Bernd noch ein paar Euro dazu. Es war nicht viel Geld, knapp 100 Euro, so konnte er es zu seinem Hartz 4 in voller Höhe behalten. Die Arbeit mit dem Produkt machte ihm Spaß. So entstand die Idee, es intensiv zu betreiben und so vielleicht den Weg aus Hartz 4 zu finden.

So langsam verdienten seine Freunde auch an ihren Empfehlungen und Bernds Verdienst verdoppelte sich bald. Und somit kürzte man die Leistungen des Jobcenters um 80 Prozent, und zwar alles, was über 100 Euro war. Er hatte jetzt nicht mehr 200 Euro, sondern 120 Euro dazuverdient. Das ärgerte Bernd maßlos. Würde er 800 Euro verdienen, dann wären davon 560 Euro weg. Er hatte keine Chance, um aus diesem Schlamassel heraus zu kommen. Bernd hat vom Amt Einstiegsgeld bekommen. Das waren lachhafte 200 Euro. Damit sollte er sich ein Geschäft aufbauen. Und hintenherum nahm man ihm die dringend benötigten Gewinne wieder weg. Was für eine Heuchelei dieser verhassten Behörde…

Zum Glück kam ihm jetzt das Bedingungslose Grundeinkommen entgegen. Er konnte jetzt dazuverdienen, was er wollte, und er hatte Erfolg. Keiner nahm ihm auch nur einen Cent weg. So konnte er sein Einkommen immer weiter ausbauen. Und vielleicht würde er sich damit sogar ein kleines Vermögen aufbauen können. Das wäre super.

	vor BGE	mit BGE
Hartz 4 Gewinn abger.	524,20 €	0,00 €
Networkeinnahmen	350,00 €	522,00 €
Kürzungen v. Amt	-200,00 €	0,00 €
BGE	0,00 €	1.500,00 €
Umsatzsteuer	-66,50 €	-52,20 €
FTS 0,5	0,00 €	-10,11 €
monatliche Einnahmen:	607,70 €	1.959,69 €

Der Drogendealer

Im Park neben der Kirche stehen immer öfter junge Leute und bieten den Abhängigen aus der Gegend Drogen an. Einer dieser Drogendealer ist Bodo Winter. Er macht das schon seit einiger Zeit, aber abhängig ist er nicht. Zu ihm kommen immer die gleichen Abhängigen, praktisch seine Stammkunden, und sie kaufen seine Drogen. Kommt die Polizei, muss er schnell verschwinden, um nicht erwischt zu werden. Da muss man schon ganz schön aufpassen.

Bodo hat sich sein Leben ganz anders vorgestellt. Ursprünglich hatte er einen Beruf erlernt, der ihm sogar Spaß machte – Kfz-Mechaniker.

Doch als der Betrieb geschlossen wurde, weil der Besitzer mit geklauten Fahrzeugen handelte und ins Gefängnis ging, hatte Bodo seine Arbeit verloren. Der Fall schlug hohe Wellen. Und das hing ihm jetzt an, obwohl er nichts für das alles konnte. Keiner wollte einen Kfz-Mechaniker einstellen, der vorher bei einem Ganoven gearbeitet hatte. Hartz 4 wollte er sich nicht antun, dafür schämte er sich zu sehr – nein um keinen Preis. So kam Bodo durch einen Kumpel zum Drogendealen. Das reichte zum Leben in seiner kleinen Ein-Raum-Wohnung. Nur Krankenversichert war er nicht. Er konnte nicht zum Arzt, ohne selber alles bezahlen zu müssen. Er würde schon durchkommen so, dachte er immer.

Inzwischen ist das neue System mit dem BGE eingeführt worden und Bodo hat von Stunde an das Dealen aufgegeben. 1.500 Euro hatte er jetzt jeden Monat auf dem Konto. So viel hatte er nicht einmal mit dem Dealen verdient. Und krankenversichert ist er jetzt auch wie jeder andere mit BGE - automatisch.

Außerdem hat man inzwischen Drogen legalisiert. Die kann man jetzt in Apotheken und Drogerien kaufen, ohne dafür belangt zu werden. Illegale Einfuhren von Drogen gibt es daher nicht mehr und jeder Drogenabhängige kann sicher sein, dass seine Drogen sauber sind und nicht noch zusätzlich gefährlich gestreckt.

Bodo hat sich ein gebrauchtes Auto gekauft, das er jetzt in Ruhe aufbaut und zu einem kleinen Schmuckstück machen will. Daran hat Bodo

Freude. Und vielleicht eröffnet er eines Tages irgendwo anders seine eigene Werkstatt.

	vor BGE	mit BGE
Dealergewinn	900,00 €	0,00 €
BGE	0,00 €	1.500,00 €
FTS 0,5	0,00 €	-7,50 €
monatliches Einkommen:	900,00 €	1.492,50 €

Keramik, Keramik, Keramik

Nora und Gerd Semmler haben schon in der dritten Generation eine Töpferwerkstatt mit Laden. Noras Großvater hat sie vor rund 65 Jahren gegründet. Damals wurde ausschließlich Geschirr für den täglichen Gebrauch hergestellt und verkauft. Später stieg Noras Vater mehr auf Dekorationsgegenstände um. Und Nora funktionierte diese Werkstatt eher in ein Künstleratelier um. Unter ihren geschickten Händen formt sie jeden Tag die wunderschönsten Figuren und Gebrauchsgegenstände – alles kleine Kunstwerke – jedes für sich. Ehemann Gerd übernimmt nach dem Brennen das Bemalen und gibt allem nicht nur einen schönen Glanz, sondern haucht vor allem den Figuren damit Leben ein.

Mit einem Kleintransporter fahren sie auch regelmäßig auf die umliegenden Märkte und verkaufen dort ihre Ware. Und davon lässt es sich einigermaßen leben, da das Haus und die Werkstatt ihr Eigentum sind und sie nicht zur Miete wohnen. Zusammen haben sie einen Gewinn von ungefähr 2.800 Euro. Es könnte aber besser sein, denn die beiden würden gern mal einen Urlaub fern von der Heimat machen. Das konnten sie sich aber bisher noch nicht leisten.

Das Bedingungslose Grundeinkommen hat ihre Situation bedeutend verbessert. Mit zusammen 3.000 € können sie ihr Privatleben ganz von dem geschäftlichen abtrennen. Besser könnte es für die beiden gar nicht kommen.

Jetzt planen die zwei erst einmal einen ausgiebigen Urlaub in der Karibik. Ein lang gehegter Traum geht damit in Erfüllung. Außerdem konnten sie ihren Umsatz fast verdoppeln. Die Menschen kaufen mit ihrem BGE viel mehr als vorher, weil sie nicht mehr wegen Geldmangels knausern müssen.

	vor BGE	mit BGE
Gewinn	2800,00 €	3900,00 €
Umsatzsteuer	-532,00 €	-390,00 €
Betriebl. Ausgaben	-685,00 €	-780,00 €
BGE	0,00 €	3000,00 €
FTS 0,5	0,00 €	-34,50 €
monatliches Einkommen:	1.583,00 €	5.695,50 €

Drei Jobs, um zu überleben

Nachts fällt Guido Sommer wie tot in sein Bett. Dann hat er einen extrem bewegten Tag voll Stress endlich hinter sich gebracht.

Morgens arbeitet er in einem Supermarkt und räumt dort die neue Ware in die Regale ein und entfernt die leeren Kartons aus den Regalen und bündelt sie anschließend zum Abtransport.

Gegen Mittag geht er zu seinem zweiten Job in einem Restaurant. Dort ist er Abräumer und Tellerwäscher. Weil es ein beliebtes Restaurant ist, ist es ständig voll und es gibt daher immer alle Hände voll zu tun. Pause kann er hier nicht machen, dann staut sich nämlich alles.

Und am Abend ist er in einer Bar tätig. Hier kann er schon mal eine kleine Pause machen. Er ist verantwortlich für die ganze Zuarbeit zum Barkeeper und räumt die Tische ab und spült auch die Gläser.

Wenn Guido auch nur einen der drei Jobs vernachlässigt, so bekommt er Schwierigkeiten, sein Leben zu finanzieren. Sein Arbeitstag beginnt früh um 8 Uhr und endet um Mitternacht. Er kann dann sechs Stunden schlafen und muss schließlich wieder los, dasselbe Spiel des Vortags wiederholen. Beim Supermarkt hat er an Wochenenden frei und beim Restaurant ist es jeder Mittwoch und die Bar hat montags geschlossen. Das sind aber trotzdem nur kleine Pausen zwischendurch.

Gern würde er aufgeben, weil er das gesundheitlich nicht mehr lange durchstehen würde. Ihm fehlte ständig Schlaf. Aber er kann nicht aufgeben, weil er dann erst nach drei Monaten Arbeitslosengeld bekommen würde, weil er selbst gekündigt hat. Dann könnte er keine Miete mehr bezahlen. Das wäre der Absturz ins Ungewisse für Guido. Alle drei Jobs zusammen brachten Guido etwa 1.200 Euro jeden Monat. Die Hälfte davon musste er für die Miete aufbringen.

Wie gerufen kam die Lösung für Guido Sommer – das Bedingungslose Grundeinkommen. Fortan hatte er den Supermarktjob und den Job als Tellerwäscher gekündigt. In der Bar macht er gern weiter. Jetzt hatte er tagsüber viel Zeit für andere Dinge, die ihm Spaß machten. So kommt er jetzt gut zurecht und das freut ihn sehr. Er ist damit zufrieden.

	vor BGE	mit BGE
Supermarkt	400,00 €	0,00 €
Restaurant	400,00 €	0,00 €
Bar	400,00 €	400,00 €
BGE	0,00 €	1.500,00 €
FTS 0,5	0,00 €	-9,50 €
monatliches Einkommen:	1.200,00 €	1.890,50 €

Bernhard und seine kleine Ranch

Ein Stück Land besitzt nicht jeder. Bernhard Kohlmeyer hatte das Glück, in den Besitz eines kleinen Stückes Brachland zu kommen. Dieses Stück Land wollte keiner haben, da es sich zwischen einer vielbefahrenen Straße und einer Haupteisenbahnstrecke befindet und somit für eine sinnvolle Bebauung nutzlos ist.

Er liebt die Natur über alles. Und so beschloss Bernhard, hier seinen eigenen Naturbereich mit ein paar Schafen zu errichten – ein kleines Biotop.

Erwerbsarbeit gab es in seinem Ort kaum noch. So hatte Bernhard Hartz 4 und er kam einigermaßen damit aus, weil er eben Anspruchslos war. Wenn er wieder in eine Maßnahme musste, so tat er es ohne zu murren. Man lernt so eben wieder neue Leute kennen. Vielleicht ist auch mal jemand dabei, der sich mit Schafen oder mit Biotopen auskennt. Dann würde die Maßnahme sogar einen Sinn bekommen.

Ab und zu schlachtete er ein Schaf und teilte das Fleisch mit Freunden. Die Wolle ließ er scheren und schenkte sie dem Scherer, weil es nicht mehr lohnte, sie zu verkaufen.

Bald wurde das Bedingungslose Grundeinkommen eingeführt und Bernhard hatte anstatt der 623 Euro Hartz 4 jetzt die 1.500 Euro BGE. Das ließ auch sein Herz höherschlagen. Denn jetzt konnte er auf seiner Ranch noch mehr Neues errichten, vor allem einen neuen Stall für seine 12 Schafe, was ihm schon lange vorschwebte. Jetzt konnte er es mit Freude angehen.

	vor BGE	mit BGE
Hatz 4	623,00 €	0,00 €
BGE	0,00 €	1.500,00 €
FTS 0,5	0,00 €	-7,50 €
monatliches Einkommen:	623,00 €	1.492,50 €

Der Getränkeladen im Kiez

Hermann Scholz trank schon immer gern einen über den Durst. Und so hatte er vor schon etwas längerer Zeit einen Laden eröffnet mit Getränken, weil er genau wusste, in seinem Kiez gab es viele trinkende Menschen wie er. Das war seine Geschäftsidee, die auch gut ankam, besonders aber bei seinen drei Kumpels Kehle, Mücke und Sittich.

Die Umsätze waren vom ersten Tag an gut und Hermann konnte damit gut leben. Er hatte auch zwei Stehtische in seinem Laden extra für seine Kumpels, die jeden Tag zu ihm kamen und wie Ehrengäste behandelt wurden. Und meist trank Hermann mit ihnen mit. Doch irgendwann wurde die Trinkfreude aller immer größer. Hermann verlor immer öfter abends die Kontrolle über seinen Laden, weil er besoffen in der Ecke saß. Die Kumpels bedienten sich selber, oft ohne zu bezahlen. Und die Kundschaft wurde auch immer weniger, weil sich immer mehr von ihnen nicht in den Laden mit den Trinkern trauten, denn die pöbelten auch mal gern.

So kam es, dass die Ware immer weniger wurde, weil Hermann nicht mehr viel Geld für neue Ware aus den weniger werdenden Umsätzen aufbringen konnte. Die Folge: Rechnungen blieben unbezahlt, die Lieferungen wurden eingestellt, die Mieten wurden nicht mehr bezahlt. Hermann war plötzlich Pleite und hatte kein Geld mehr.

Er musste Hartz 4 beantragen und von dem bisschen Geld sollte er auch noch Schulden in Höhe von 12.000 Euro bezahlen. Das war hart für Hermann.

Welch ein Glück, dass dann plötzlich das Bedingungslose Grundeinkommen eingeführt wurde. Die anfänglich 50 € Abzahlungen konnte er jetzt auf 300 € erhöhen und konnte so immer noch einigermaßen leben. Er machte freiwillig einen Entzug, damit er das Bedingungslose Grundeinkommen nicht unnötig verpulvern würde. Das gelang ihm auch. Und von seinen Kumpels, die ihn praktisch mit in die Pleite getrieben hatten, hat er sich inzwischen auch voll und ganz distanziert.

	vor BGE	mit BGE
Hartz 4	640,00 €	0,00 €
Abzahlungen	-50,00 €	-300,00 €
BGE	0,00 €	1.500,00 €
FTS 0,5	0,00 €	-7,50 €
monatliches Einkommen:	590,00 €	1.192,50 €

Simone und der Krebs

Simone Schuster war angehende Lehrerin. Sie freute sich auf die Arbeit mit den Kindern sehr. Doch dann stellte ihr Arzt die erschreckende Diagnose Krebs fest. Das war der Schock ihres Lebens. Die junge Frau war am Boden zerstört. Simone hatte jetzt in der Folge viele Therapien zu überstehen, musste Medikamente schlucken und konnte ihre geliebte Arbeit nicht aufnehmen. Sie war somit sehr lange Zeit krankgeschrieben.

Irgendwann schließlich blieb ihr nichts anderes über, als zum Amt zu gehen und Hartz 4 zu beantragen. Das war ein schneller Fall ins Bodenlose, durch ihre Krankheit verursacht.

Leider halfen die Therapien bei Simone nicht viel. Der Tumor konnte nicht abgetötet werden. Eine Operation folgte mit scheinbarem Erfolg. Doch dann waren plötzlich diese Metasthasen da. Noch eine Chemo musste Simone über sich ergehen lassen. Die junge Frau war schließlich schwer geschwächt.

Als bald das Bedingungslose Grundeinkommen eingeführt wurde, änderten sich auch die systemrelevanten Verhältnisse. Die Konzerne wurden in die Schranken gewiesen und in kleinere überschaubare Firmen zerschlagen. Der Einfluss von profitstrebenden Lobbyisten dieser Konzerne auf alle Bereiche in der Politik und in der Medizin schwanden. Die Naturmedizin, die von den Konzernen seit über 100 Jahren verteufelt wurde, hielt in der Medizin endlich wieder ihren verdienten Einzug.

Simone erfuhr jetzt, dass man mit ganz einfachen Mitteln, die man in jedem Laden kaufen kann, den Krebs ganz leicht besiegen kann. Und es funktionierte sogar. Die junge Frau war nach einigen Wochen total geheilt und konnte sogar jetzt in ihrem Beruf arbeiten. Das machte sie glücklich und sie hatte jetzt als gesunde junge Frau große Freude an der Arbeit mit den Kindern in ihrer Schule.

	vor BGE	mit BGE
Hartz 4	654,32 €	0,00 €
Lehrergehalt	0,00 €	2.436,00 €
BGE	0,00 €	1.500,00 €
FTS 0,5	0,00 €	-19,68 €
monatliches Einkommen:	654,32 €	3.916,32 €

Das Problem – sie hat ein Haus

Vor langer Zeit hat Ina Gerber sich einen Traum erfüllen können und ein Haus gekauft. Das Haus hat auch zwei Wohnungen, die sie vermietet. So könnte Ina eigentlich auch ohne Erwerbsarbeit sehr bescheiden ein paar Monate überleben. Sie hätte dann aber Probleme, die anfallenden Kosten wie Müllabfuhr, Grundsteuern und vor allem ihre Krankenkasse zu finanzieren. Und so hat sie einen kleinen Job gefunden im nahen Ort. Sie räumt in einem Restaurant die Tische ab und reinigt das Lokal für täglich ein paar Stunden.

So ist sie krankenversichert und hat zu ihren Mieten noch 400 Euro dazu. Damit kann sie einigermaßen gut leben.

Manchmal kommt alles Schlechte mit einem Mal. Und so kündigten plötzlich beide Mieter ihre Wohnungen. Einen Monat später macht das Lokal dicht, in dem sie arbeitet. Das Jobcenter, wo sie jetzt Hilfe erwartet, will sie dazu zwingen, ihr Haus zu verkaufen und von dem Geld zu leben, bevor sie Leistungen bekommen kann. Das ist für Ina Gerber wie ein Todesstoß. Sie soll das an den nächstbesten verscherbeln, was sie sich im Laufe vieler Jahre erspart und aufgebaut hat?

So saß sie in ihrem Haus und wusste nicht mehr weiter. Ihr Haus will und kann sie nicht aufgeben. Das ist ihr ein und alles. Sie sitzt in ihrem Lieblingssessel und grübelt. Da kommt sie auf so manche sonderbare Idee. Eine davon ist, für immer Schluss zu machen mit diesem Leben. Aber nein, es gibt sicher noch andere und bessere Lösungen. Aber nur nicht dieses schöne Haus verkaufen.

Und wie gerufen kam für Ina jetzt die Einführung des Bedingungslosen Grundeinkommens. Sie bekam auch neue Mieter, mit denen sie fortan sehr gut auskam. Ina ist glücklich in ihrem Traumhaus und wird es auch bleiben.

	vor BGE	mit BGE
Mieteinnahmen	480,00 €	480,00 €
Verdienst Lokal	400,00 €	0,00 €
BGE	0,00 €	1.500,00 €
FTS 0,5	0,00 €	-9,90 €
monatliches Einkommen:	880,00 €	1.970,10 €

Die unterdrückte Künstlerin

Isabell Lehmann malt für ihr Leben gern. Als sie aus ihrem Elternhaus auszog, weil sie in einer anderen Stadt eine Stelle als Verkäuferin in einer Boutique bekam, und in ihre neue Wohnung einzog, freute sie sich über deren schöne weiße Wände. Die bemale ich, dachte sie. Und schon begann sie, ihre Wohnung mit wunderschönen Kunstwerken zu schmücken. Jede der Wände war einen extra Hingucker wert. Alle Besucher, die in ihre Wohnung kamen, bescheinigten ihr das. Und Isabell kam auf die Idee, neben ihrer Arbeit in der Boutique ihre Maltalente nebenher als Gewerbe zu betreiben.

Doch dann kam alles ganz anders. Ihr Arbeitgeber musste die Boutique schließen und Isabell Lehmann war erst mal geschockt, noch nicht einmal drei Monate gearbeitet und schon wieder arbeitslos. Jetzt musste sie zum Jobcenter, um Hartz 4 zu beantragen. Dort bekam sie aber Auflagen. Sie sollte jeden Monat mindestens fünf Bewerbungen vorlegen. Dann hatte man für sie schon die erste Maßnahme, an der sie teilnehmen musste. Und schließlich bekam sie Stellenangebote vorgelegt, die aber überhaupt nicht ihren Vorstellungen entsprachen. Und zu guter Letzt bekam sie eine geförderte Stelle vorgelegt, die sie annehmen musste, sonst drohte man ihr mit Sanktionen.

Sie musste jetzt mit einer Reinigungsfirma nachts von Büro zu Büro laufen und fegen und wischen – das Widerlichste, was ihr hätte passieren können. Und den Auftrag eines Bekannten, der seine Wohnung ebenfalls mit Wandbildern versehen möchte, musste sie auf Grund ihrer Situation immer wieder hinausschieben.

Doch dann kam endlich der Befreiungsschlag – das BGE. So schnell konnten die bei der Reinigungsfirma nicht gucken, wie Isabell diesen verhassten Job hinschmiss. Jetzt konnte sie sich endlich dem widmen, was ihr am meisten Spaß macht – dem Malen.

Und endlich nahm sie sich die Wohnung des Bekannten vor und malte ihr Glück an die Wände. Der Bekannte half ihr dann beim Aufbau ihrer Geschäftsidee über das Internet. Und so kamen die ersten Aufträge und Isabell verdiente damit sogar noch mehr, als sie jemals denken konnte. Schnell hatte sie das Dreifache, was sie vorher in der Boutique verdient hatte. Jetzt war sie glücklich und hatte ein super Einkommen. Das ist jetzt der Sinn und das Glück ihres Lebens.

	vor BGE	mit BGE
Hartz 4	587,00 €	0,00 €
Wandmalerei	0,00 €	3.000,00 €
BGE	0,00 €	1.500,00 €
FTS 0,5	0,00 €	-22,50 €
monatliches Einkommen:	587,00 €	4.477,50 €

Das Restaurant –
der einstige Traum

Aus einem Traum vor 25 Jahren ist für Gabi und Rüdiger Fuchs inzwischen ein Alptraum geworden. Das kleine Restaurant „Zum Fuchsbau" lief zu Beginn sehr gut. Es war schon fast eine kleine Goldgrube. Im Laufe der Jahre eröffneten aber weitere Restaurants in der näheren Umgebung. Das konnte man schon sehr deutlich an den Umsätzen spüren. Und außerdem wurden die Gäste immer knauseriger, bestellten immer weniger. Das lag daran, dass sich die Armut im Stadtteil, in dem sich das Lokal befand, immer weiter ausbreitete. Immer mehr verloren ihre Arbeit und mussten mit noch weniger auskommen. Es blieben am Ende nur ein paar Stammgäste und ansonsten nur noch ein paar wenige Besucher am Tag aus den umliegenden Firmen, die ihre Pausen nutzten, um hier zu essen oder etwas zu essen mitzunehmen. Ohne diese Pausenbesucher hätten Gabi schon längst Arbeitslosengeld beantragen müssen, weil sie bei ihrem Ehemann angestellt ist, und Rüdiger als Restaurantchef müsste dann sogar Hartz 4 beantragen.

So haben sie aber zum Glück ihr Lokal ohne größeren Schaden in die Zeit des Bedingungslosen Grundeinkommens bringen können. Ihr Traum geht jetzt endlich doch weiter. Während sie vorher mit dem Restaurant zuerst alle Kosten erwirtschaften mussten, so haben sie jetzt durch das BGE die Absicherung, dass sie schon am Monatsbeginn leben dürfen und nicht erst nach allen Zahlungen aus den Geschäftseinnahmen, was danach noch übrig ist.

Beide sind überglücklich, dass sie jetzt unabhängig vom Geschäft Geld beiseitelegen können, um auch mal einen größeren Urlaub in anderen Ländern machen zu können.

Und weil jetzt die Menschen wieder mehr Geld in den Taschen haben, hat sich der Umsatz sogar mehr als verdreifacht. Und natürlich kommen jetzt viel mehr Gäste zu ihnen in den „Fuchsbau". Es läuft jetzt sogar noch besser als ganz zu Beginn, als sie ihr Lokal eröffnet hatten. Ihr Traum setzt sich somit dank BGE fort.

(Gabis Lohn ist in den Betriebsausgaben mit eingerechnet.)

	vor BGE	mit BGE
Umsatz	4.991,70 €	16.964,00 €
Betriebsausgaben	-3.136,98 €	-8.193,00 €
Umsatzsteuer	-834,42 €	-955,35 €
Gewinn Rüdiger	1.020,30 €	7.815,65 €
Krankenvers. Rüdiger	-523,55 €	0,00 €
BGE beide	0,00 €	3.000,00 €
FTS 0,5	0,00 €	-15,00 €
monatl. Eink. Rüdiger:	496,75 €	10.800,65 €

Man kann an allen Beispielen erkennen, dass es allen Menschen mit einem Bedingungslosen Grundeinkommen besser geht. Und die, die es eigentlich nicht brauchen, geben viel mehr ab, als sie durch das BGE dazubekommen. Das ist das Wesentliche an der Bedingungslosigkeit. Es bedarf keinen Verwaltungsapparat, der erst feststellen muss, ob man das Grundeinkommen erhalten darf oder nicht. Es braucht nur eine Behörde, die an jeden einzelnen Bürger das BGE überweist. Und das geht nach Meldung jedes neuen Bürgers automatisch, wie auch die Konten automatisch geschlossen werden, deren Bürger verstorben sind. So einfach ist das mit dem BGE. Und wer immer noch daran zweifelt, dass das alles nicht machbar ist, der sollte sein „Geiz-und-Gier-Programm" aus seinem Schädel löschen. Dann geht es.

Klima- und Umweltschutz gehören auch dazu!

Das bisherige kapitalistische System, das viele Menschen in die Armut zwang und sie krank machte, hat auch eine große und tiefe Schneise der Verwüstung auf unserem Planeten Erde hinterlassen. Und wenn wir gerade jetzt nicht aufpassen, dann sind die Schäden der Konzerne nicht mehr zu reparieren.

Rücksichtsloser Umgang mit den natürlichen Ressourcen der Umwelt durch Gier und Geiz haben vieles auf unserer schönen Erde sinnlos zerstört. Und leider gehen die Zerstörungen immer weiter. Doch das wollen Regierung und Kapital nicht wahrhaben. Es wird zu großen Teilen immer noch ignoriert. Sie interessiert nur eins – Profit, selbst wenn sie an demselben Ast sägen müssten, auf dem sie gerade sitzen. Gier nach Profit macht blind.

Entgegen den Mahnungen vieler Wissenschaftler werden andere Wissenschaftler gekauft, um Gegengutachten auszustellen, die die globale Umweltzerstörung bagatellisieren. Das Klima ändert sich aufgrund der Umweltzerstörungen schon seit langer Zeit dramatisch. Junge Menschen gehen mit der Bewegung „Fridays for Future" auf die Straßen. Und jetzt schließen sich auch Menschen aller anderen Generationen der Bewegung an. Mitte September 2019 waren es allein in Deutschland über 1,4 Millionen protestierende Klimaaktivisten, die allein in etwa 450 bis 500 Städten Deutschlands auf die Straßen gingen.

Aber die Regierung antwortet mit Trostpfläster-
chen, die nichts bewirken werden. Sie verteilen
nur wieder Geld von unten nach oben. Der kleine
Mann wird wieder ausgeplündert mit einer so genannten CO2-Steuer und die Großen streichen es
ein. Mehr nicht. Und es ist dadurch deutlich zu
erkennen, wie stark verfilzt die Regierenden mit
dem Kapital sind. Sie sind nicht in der Lage, ein
Machtwort zu sprechen und eine wirkliche Veränderung herbeizuführen. Sie sind voll in der
Hand des Kapitals.

Die Veränderung kann einzig und allein nur von
unten kommen. Und es wird kommen, davon bin
ich fest überzeugt. Und mit der Veränderung
kommt auch das Bedingungslose Grundeinkommen. Nur dann kann die Umwelt mehr geschützt
werden, denn dann haben die Konzerne nicht
mehr das sagen, weil sie dann zerschlagen sind.
Dann sind die Menschen frei und schreiben den
aus den zerschlagenen Konzernen entstandenen
Firmen vor, wo es lang geht, und nicht umge-
kehrt. Dann können auch Klima- und Umweltpro-
jekte durchgesetzt werden, wie auch das Versprechen, was von ihnen erhofft wird – die Umwelt und das Klima wieder zu verbessern.

Es sind natürlich sehr viele Veränderungen zu
vollziehen, damit das Klima nicht weiter kippt
und die Umwelt nicht weiter belastet wird.

Als erstes müssen alle Kohlekraftwerke abge-
schaltet und geschlossen werden. Sie verbrennen in Mengen fossile Stoffe und schleudern somit massenhaft CO2 in die Luft. Als Alternativen
zur herkömmlichen Stromgewinnung sind

Sonne, Wind, Wasser und andere grüne umweltfreundliche Möglichkeiten zur Gewinnung von Strom zu bevorzugen. Hier sind vor allem private Initiativen zu fördern. Damit meine ich Solardächer, kleine Windräder, Kleine Wasserturbinen, an Bächen und Flüssen, Stromerzeugung durch Druck auf Radwegen und Fahrbahnen usw. Die Forschung auf diesen Gebieten ist angehalten, hier noch sehr viel zu tun. Und sie wird auch noch einige interessante und effektive umweltfreundliche Energiequellen erschließen. Da können wir uns sicher sein.

Rigoros sollte man auch in allen Innenstädten für Privatfahrzeuge generelles Fahrverbot aussprechen. Dafür ist der Öffentliche Personen-Nahverkehr gut auszubauen und kostenfrei zu machen. Und auch der Fahrradverkehr ist viel mehr zu unterstützen.

Konzerne sind zu zerschlagen. Sie werden es nicht lassen können, auf Kosten anderer und auch der Umwelt und des Klimas Profite machen zu wollen. Hier muss ein Gesetz her, das alle Unternehmen in die Schranken weist. Unternehmen dürfen nur eine bestimmte Größe erreichen und müssen vorweisen können, dass sie etwas für die Umwelt tun. Der Staat muss hier hart durchgreifen. Wenn durch eine Firma die Umwelt zu Schaden kommt, dann ist dieser Betrieb dafür voll in Verantwortung zu nehmen und notfalls zu schließen. Um die Zerstörung von Arbeitsplätzen brauch man sich keine Sorgen zu machen. Das Bedingungslose Grundeinkommen ist die beste Absicherung überhaupt.

Aufforstung ist ebenfalls wichtig für die Wiederherstellung einer intakten Umwelt. Man kann außerdem die Menschen verpflichten, zum Beispiel jedes Jahr so und so viel Bäume zu pflanzen. Das wird auch darauf hin abzielen, Städte so weit wie möglich zu begrünen und Oasen der aktiven Erholung zu schaffen.

Hanf ist eine ausgezeichnete Nutzpflanze. Aus ihr kann vieles gewonnen werden, zum Beispiel Papier, Stoffe und Naturmedikamente, sogar abbaubares Plastik, und sie braucht zum Wachsen viel weniger Zeit als ein Baum. Das schützt ganze Wälder vor der Abholzung, die ihrerseits wiederum ihren Teil dazu beitragen können, CO_2 in sich zu binden, das sonst zur Klimakatastrophe beitragen wird.

Man sollte sich auch darüber Gedanken machen, ob Inlandflüge oder Luxusreisen mit sehr großen Schiffen wirklich wichtig sind. Sie verbrennen in großen Mengen Brennstoffe und schleudern in ebenso großen Mengen das daraus entstehende CO_2 in unsere Atmosphäre. So auch Transporte über den gesamten Erdball, um Billigware von einem Kontinent zum anderen zu bringen. Nur um zu sparen wird hier massenhaft durch große Schiffe Kohlendioxid freigesetzt.

Die normale traditionelle regionale Landwirtschaft muss in den Vordergrund gerückt werden. Importe aus fernen Ländern, nur um hier billigere Waren auf den Markt zu bringen, müssen eingestellt werden. Die Massentierhaltung muss ebenfalls aufhören. Neben unendlichem Leid dieser Tiere ist hier auch eine Ursache für massenhafte CO2-Entstehung zu finden.

Ein weiteres großes Problem ist das mit dem Plastikmüll. Man findet Plastik schon überall auf der Welt – vom Berggipfel bis in der Tiefsee. Bereits heute gibt es schon so genannte Unverpackt-Läden. In ihnen werden Waren angeboten, die nicht verpackt sind. Wer hier einkauft, der muss für seine Waren Behälter mitbringen. Das verhindert massenhaften Plastikmüll und ist trotzdem sauber.

Das Flüchtlingsproblem

Ein über viele Jahrzehnte heraufbeschworenes Problem ist das mit den Flüchtlingen. Das sind die Menschen, die aus ihrer Heimat fliehen, weil dort Krieg herrscht und/oder weil sie dort keine Zukunft mehr erwarten können, vor Hunger und Umweltkatastrophen fliehen.

Meist kommen sie aus Afrika oder aus Asien, bringen allzu oft fremde Kulturen und Lebensweisen mit, die es schwierig machen, viele von ihnen zu integrieren. Das bringt Probleme mit sich, die oft schon das System an Grenzen und eine gewisse Protestpartei in ihr blaubraunes Horn stoßen lassen.

Das größere Problem sind die Wirtschaftsflüchtlinge. Sie verlassen ihre Heimat, weil sie dort keine Chancen mehr haben auf ein besseres Leben, weil sie im Elend leben müssen und hungern. Schuld daran sind die westlichen Länder mit ihrer Politik der wirtschaftlichen Austrocknung dieser Länder. Es werden Rohstoffe von dort abgezogen und dafür eine Schwemme mit Billigwaren dort hineingepumpt. Die eigene Wirtschaft all dieser Länder stagniert, Menschen werden arbeitslos und so versuchen viele von ihnen, in die westliche Welt zu flüchten, weil sie in ihren eigenen Ländern keine Perspektiven mehr sehen.

Das kann und darf man aber nicht stoppen, indem Europa seine Grenzen dicht macht und zuschaut, wie die Menschen, unter ihnen viele

Frauen und Kinder, im Meer ertrinken. So will es der braune Rand im politischen Spektrum.

Man kann das nur aufhalten, indem man die Fluchtursachen rigoros bekämpft und abstellt. Und das kann nur in den einzelnen Ländern erfolgen, aus denen diese Menschen flüchten.

Als erstes muss die Flut an Billigwaren gestoppt werden, die dazu beiträgt, dass viele Kleinerzeuger ihre Waren nicht mehr verkaufen können, weil sie die Preise westlicher Waren nicht unterschreiten können und daher auf ihre Waren sitzenbleiben. Außerdem fließen die Gewinne aus der Marktschwemme in die westliche Welt in die großen Taschen der Konzernbosse und der Renditehaie. Das Geld muss in den entsprechenden Ländern bleiben zum Aufbau wichtiger Infra- und Sozialstrukturen.

Die westlichen Länder müssen verpflichtet werden, diesen Entwicklungsländern endlich reelle Entwicklungsmöglichkeiten zu geben. Hier stehen die Staaten in der Pflicht, die in der früheren Vergangenheit als Kolonialmacht dort eingefallen sind und die Gebiete ausgeplündert haben. Zum anderen sind auch die Staaten verpflichtet, deren Konzerne den moderneren Raubbau dort betrieben haben, mit an dieser Wiedergutmachung zu arbeiten. Das ist man diesen gebeutelten Ländern schon lange schuldig.

Am besten gelingt diese Wiedergutmachung in den Ländern Afrikas und Asiens mit der Einführung des Bedingungslosen Grundeinkommens in einer entsprechenden Höhe, die in jedem Land gesondert festgelegt werden muss. Nichts ist schöner, als wenn Menschen in ihrer Heimat leben können, ohne dafür Opfer bringen zu müssen. Dann kommt dort kein Mensch auf die Idee, in ein anderes Land zu flüchten, wo man es vielleicht besser haben würde. Die Menschen haben dann dort wieder eine gute funktionierende Heimat, auf die sie stolz sein können. Und jeder hat Geld, um sein Leben zu gestalten wie er es für richtig hält.

Zu guter Letzt –
Wie erreichen wir das?

Viele Wege führen nach Rom, sagt ein Sprichwort. In unserem Fall ist Rom diese neue Gesellschaft, die wir am Ende haben wollen – unser Ziel, das wir alle anstreben.

Es gibt einige Organisationen und Vereine, mit denen wir gemeinsam unseren Weg beschreiten können. Da wäre als erstes zu nennen das Netzwerk Grundeinkommen. Hier sind Vereine wie auch Einzelpersonen vereint und haben das Gemeinsame Ziel, das Bedingungslose Grundeinkommen bekannt zu machen, viele Diskussionen darüber zu führen, Veranstaltungen zu organisieren und auch Demonstrationen, um schließlich die Einführung des BGE zu unterstützen. Hier sind sogar Parteien mit dabei wie zum Beispiel die Linken, Bündnis Grundeinkommen, Demokratie in Bewegung und die Grünen. (www.grundeinkommen.de)

Die Sammelbewegung „Aufstehen" setzt sich für die Gerechtigkeit gegen Armut, Altersarmut, Kinderarmut, gegen Aufrüstung und Kriege, für Frieden und gerechte Löhne und alles, was für die Menschen gut ist, ein. Die Sammelbewegung wurde von Sahra Wagenknecht 2018 ins Leben gerufen. (aufstehen.de)

Die Jugendbewegung „Fridays for Future" möchte ich hier auch noch nennen. Sie hat in diesem Jahr (2019) bewiesen, dass sie Massen auf die Beine bringen kann. Und das nicht nur unter ihresgleichen, sondern auch unter den anderen Generationen von Jung bis Alt. (fridaysforfuture.de)

Mit wirkungsvollen Aktionen hat sich in letzter Zeit „Extinktion Rebellion" in Szene setzen können. Die internationale Organisation setzt auf zivilen Ungehorsam, legte zum Beispiel am 7. Oktober 2019 mehrere Städte weltweit (unter anderem Berlin, London, New York) lahm, um die Regierungen dazu zu bewegen, mehr gegen den Klimawandel zu machen. (extinctionrebellion.de)

Es gibt noch genügend andere Organisationen und Initiativen in Deutschland (und nicht nur in Deutschland), nicht zu vergessen die Gewerkschaften, die sich zwar nur für die Arbeitnehmer einsetzen, da gibt es auch noch ausreichend von, um Druck zu machen. Und alle zusammen müssen Druck von unten auf die Regierenden aufbauen, um Stück für Stück dem Ziel näher zu kommen, eine bessere Welt zu schaffen.

Unterstützen kannst du das, nein du solltest es unbedingt unterstützen, indem du zur Wahl gehst und einer Partei deine Stimme gibst, die sich Veränderungen nicht nur pauschal auf die Fahne geschrieben hat, nein, die sich auch dafür einsetzt. Lass dich nicht von Leugnern und Gegenrednern beeindrucken. Derer sind viele unterwegs und die reden auch viel Blödsinn, um andere Menschen zu beeinflussen. Wähle eine der Parteien, deren Spitzenpolitiker nicht verbraucht sind und noch nicht auf einer Regierungsbank saßen. Und die findest du nie im rechten Spektrum, sondern immer ein Stück links bis ganz links von der Mitte. Mit Parteien von Mitte bis rechts ist hier überhaupt nichts zu machen, die wollen das vorige Jahrhundert wieder einführen und sonst nichts. Sie fühlen sich eher zu den Lobbyisten der Konzerne hingezogen und lassen nichts unversucht, um ihnen ihre Wünsche zu erfüllen. Und viele tun das, um später einen schönen Posten in deren Konzernen zu ergattern, wenn sie der Politik mal den Rücken gekehrt haben.

Nur wenn eine oder mehrere dieser linken Parteien die Regierung übernehmen können, dann werden wir uns auf den Weg befinden, wo wir hinwollen. Darum wähle auch nie aus Protest, sondern immer aus Überzeugung. Wer Protest wählt, der macht letzten Endes alles nur noch schlimmer, weil rechts.

Ich zähle auf dich! Und diskutiere mit Vernunft, hetze nicht, denn überzeugen kann man nur über eine gut geführte Diskussion. Und das soll dieses Buch erleichtern helfen. Viel Erfolg!